くさい食《た》べ物《もの》大《だい》図《ず》鑑《かん》

前橋健二 監修
岡本倫幸 画　開発社 編

目《もく》次《じ》

はじめに 5

この本《ほん》の見方《みかた》 6

第《だい》1章《しょう》 魚《さかな》 7

シュール・ストレミング 8

ホンオフェ 10

くさや 12

熟《なれ》鮓《ずし》 14

鮒《ふな》寿《ず》司《し》 16

くされ鮓《ずし》 18

パー・ソム 20

鮎《あゆ》のうるか 22

がん漬《づけ》 24

フグの卵《らん》巣《そう》のぬか漬《づ》け 26

ハカール 28

コラム 「発酵《はっこう》」と「熟成《じゅくせい》」はいったい何《なに》がちがうの？ 30

第《だい》2章《しょう》 肉《にく》 31

ヒツジ 32

ヤギ 34

シカ 36

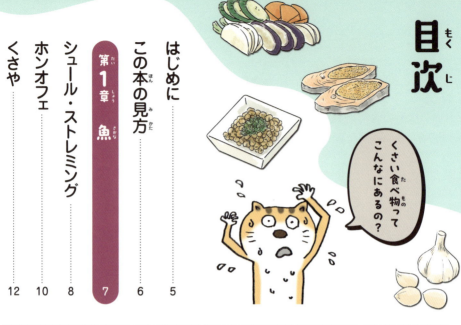

イタチ …… 38
イノシシ …… 40
タヌキ …… 42
キツネ …… 44
クマ …… 46
カンガルー …… 48
ヘビ …… 50
ネズミ …… 52
クジラ …… 54
イルカ …… 56
セイウチ …… 58
アザラシ …… 60
オットセイ …… 62
カラス …… 64
コラム 高《こう》たんぱくのヘルシー食材《しょくざい》 世界《せかい》各地《かくち》に見《み》られるこん虫食《ちゅうしょく》 …… 66

第《だい》3章《しょう》 野菜《やさい》・果物《くだもの》 67
銀杏《ぎんなん》 …… 68
ドリアン …… 70
パパイヤ …… 72
アボカド …… 74
ニンニク …… 76
ギョウジャニンニク …… 78
ニラ …… 80
ネギ …… 82
タマネギ …… 84
コラム 悪《わる》いものを追《お》いはらう! まよけとしてのニンニク …… 86

第《だい》4章《しょう》 その他《ほか》の食《た》べ物《もの》 87
エピキュアー …… 88
リンブルガー …… 90

ブルーチーズ …… 92
エポワス …… 94
マロワール …… 96
カソ・マルツゥ …… 98
納豆《なっとう》 …… 100
腐乳《ふにゅう》 …… 102
臭豆腐《しゅうどうふ》 …… 104
血豆腐《ちどうふ》 …… 106
ぬか漬《づ》け …… 108
たくあん漬《づ》け …… 110
なまぐさごうこ …… 112
キムチ …… 114
ピータン …… 116
ベジマイト …… 118

うんちがコーヒーになる!? 発酵《はっこう》コーヒー豆《まめ》って何《なに》? …… 120

第《だい》5章《しょう》 調味料《ちょうみりょう》・香辛料《こうしんりょう》 121
しょっつる …… 122
いしる …… 124
いさじゃ漬《づ》け …… 126
ニョクマム …… 128
ナンプラー …… 130
ヒング …… 132
クミン …… 134
八角《はっかく》 …… 136
コリアンダー …… 138
ドクダミ …… 140

「くさい」が「美味《うま》い」に変《か》わる? …… 142

はじめに

世《よ》の中《なか》には、信《しん》じられないほどくさい食《た》べ物《もの》があります。


くさいもの、といったら腐敗物《ふはいぶつ》を思《おも》いうかべるでしょう。

腐敗物《ふはいぶつ》は、食《た》べ物《もの》に菌《きん》がふえた物《もの》で、もはや食《た》べ物《もの》ではありません。

安全《あんぜん》であれば発酵食品《はっこうしょくひん》とよびます。どんなにくさくても、食《た》べ物《もの》である以上《いじょう》は安全《あんぜん》であるはずです。

安全《あんぜん》でない場合《ばあい》は、「くさい」という危険信号《きけんしんごう》を感《かん》じるようになっているからです。

生物《せいぶつ》の本能《ほんのう》として、くさいものはまずいときょぜつされます。命《いのち》にきけんがおよぶからです。
しかし人類《じんるい》は、きょういてきな食経験《しょくけいけん》によって、とんでもなくくさい物《もの》の中《なか》にも、
安全《あんぜん》でしかもおいしいものがあることを見《み》つけてきました。
「くさい」という苦痛《くつう》やきょうふを乗《の》りこえて食《しょく》のぼうけんにいどんでこられた先人《せんじん》たちの勇気《ゆうき》に感謝《かんしゃ》したいものです。

この本《ほん》では、世界中《せかいじゅう》のくさくてざんねんな食《た》べ物《もの》をしょうかいします。

おいしいけどくさいもの、栄養満点《えいようまんてん》なのにくさいものです。

「これなら自分《じぶん》はだいじょうぶ」あるいは「こんなの絶対《ぜったい》にいやだ!」と思《おも》うかもしれません。

ヒトは実《じつ》にさまざまなものを食《た》べられる生《い》き物《もの》であると、感心《かんしん》するでしょう。

食《しょく》へのつきることのない好奇心《こうきしん》が、これからも人類《じんるい》の食《しょく》の未来《みらい》をそうぞうしていくのです。

前《まえ》橋《はし》健《けん》二《じ》

この本《ほん》の見方《みかた》

1
世界一くさい「じごくのかんづめ」
シュール・ストレミング
2
ニシンのかんづめだよ!
3
くさい度メーター
どうして こんな食べ物 作っちゃったの!?
加熱せずにみっぷうするため かんづめのなかで発酵が続く
シュールストレミングは、主にスウェーデン北部で食べられるニシンの塩漬けのかんづめだ。
作り方はシンプルで、ニシンを塩水につけ、十分に発酵させてからかんに入れてにみっぷうするだけ
般的なかんづめは、加熱処
とで微生物をころし、長
できるようになっている。しか
シュール・ストレミングは加熱処理を行わない。つまり、かんづめのなかで発酵が続いているのだ。空気がないじょうたいで発酵すると、プロピオン酸や吉草酸などの強いにおいを持つ成分が生み出される。さらに、ニシンが分解されることで生じるアンモニアや硫化水素などがまざり合い、かんづめを開けたときにとんでもない悪臭が放たれる。そのくささは、世界中のあらゆる食品のなかでもトップとされ、本場スウェーデン
も「じごくのかんづめ」とよばれ
いる。
皮から身をそいでパンにぬり、マッシュポテトやサワークリーム、トマトなどをまいて食べるのが伝統的な食べ方だ。ちなみに、食後しばらくの間、胃から悪臭が上がってくるという。シュール・ストレミングの「じごく」は食後も続くのだ。
4
くさいもの コラム
かんを開けると ガスがふき出る!
5
9
8

1
くさい食《た》べ物《もの》の名前《なまえ》
そのくさい食《た》べ物《もの》の名前《なまえ》。

2
くさい食《た》べ物《もの》の絵《え》
そのくさい食《た》べ物《もの》のビジュアル。

3
くさい度《ど》メーター
その食《た》べ物《もの》がどれだけくさいかがわかる。

4
くさい食《た》べ物《もの》の解説《かいせつ》
そのくさい食《た》べ物《もの》のくわしい説明《せつめい》。

5
くさいものコラム
そのくさい食《た》べ物《もの》にまつわる、ちょっとしたエピソード。

オイラといっしょに、
いろいろな
くさい食《た》べ物《もの》を
見《み》ていこう!

第《だい》1章《しょう》

魚《さかな》

世界一《せかいいち》くさい「じごくのかんづめ」

シュール・ストレミング

ニシンのかんづめだよ!

くさい度メーター
まあまあ…
クサい!
ヤバい!!

どうして
こんな食《た》べ物《もの》
作《つく》っちゃったの!?

加熱《かねつ》せずにみっぷうするため かんづめのなかで発酵《はっこう》が続《つづ》く

シュール・ストレミングは、主《おも》にスウェーデン北部《ほくぶ》で食《た》べられるニシンの塩《しお》づけのかんづめだ。

作《つく》り方《かた》はシンプルで、ニシンを塩《しお》水《みず》につけ、十分《じゅうぶん》に発酵《はっこう》させてからかんに入《い》れてみっぷうするだけ。一般《いっぱん》的《てき》なかんづめは、加熱処理《かねつしょり》することで微生物《びせいぶつ》をころし、長期《ちょうき》ほぞんできるようになっている。しかし、シュール・ストレミングは加熱処理《かねつしょり》を行《おこな》わない。つまり、かんづめのなかで発酵《はっこう》が続《つづ》いているのだ。空気《くうき》がないじょうたいで発酵《はっこう》すると、プロピオン酸《さん》や吉草酸《きっそうさん》などの強《つよ》いにおいを持《も》つ成分《せいぶん》が生《う》み出《だ》される。さらに、ニシンが分解《ぶんかい》されることで生《しょう》じるアンモニアや硫化水素《りゅうかすいそ》などがまざり合《あ》い、かんづめを開《あ》けたときにとんでもない悪臭《あくしゅう》が放《はな》たれる。そのくささは、世界中《せかいじゅう》のあらゆる食品《しょくひん》のなかでもトップとされ、本場《ほんば》スウェーデンでも「じごくのかんづめ」とよばれている。

皮《かわ》から身《み》をそいでパンにぬり、マッシュポテトやサワークリーム、トマトなどをまいて食《た》べるのが伝統《でんとう》的《てき》な食《た》べ方《かた》だ。ちなみに、食後《しょくご》しばらくの間《あいだ》、胃《い》から悪臭《あくしゅう》が上《あ》がってくるという。シュール・ストレミングの「じごく」は食後《しょくご》も続《つづ》くのだ。

くさいもの コラム

かんを開《あ》けると ガスがふき出《で》る！

かんづめのなかでは、くさい成分《せいぶん》だけでなく大量《たいりょう》のガスも発生《はっせい》している。開《あ》けるときには、このガスとともにくさい液体《えきたい》がいきおいよくふき出《だ》すことでも有名《ゆうめい》だ。このため、シュール・ストレミングは「ビニールぶくろでおおい、屋外《おくがい》で開《あ》けること」がすすめられている。また、ガスのせいでかんづめが爆発《ばくはつ》することもあり、航空会社《こうくうがいしゃ》の多《おお》くは機内《きない》への持《も》ちこみを禁止《きんし》しているという。

アンモニア臭《しゅう》が強烈《きょうれつ》なエイのさしみ

ホンオフェ

エイが
原料《げんりょう》だよ！

食《た》べなれた現地《げんち》の人《ひと》ですらゆだんすると気絶《きぜつ》する！

ホンオフェは、韓国《かんこく》全羅南道《チョルラナムド》の港町《みなとまち》・木浦《モクポ》市《し》の郷土料理《きょうどりょうり》だ。「ホンオ」はエイ、「フェ」は生肉《なまにく》の意味《いみ》で、つまりエイのさしみである。

しかし、さしみと言《い》っても、とれたてのエイをさばいて食《た》べるわけではない。生《なま》のエイを1ぴきまるごと紙《かみ》で包《つつ》み、つぼのなかに入《い》れて重石《おもし》をのせ、5〜10日《か》ほど発酵《はっこう》させてから食《た》べるのだ。エイは体内《たいない》に尿素《にょうそ》をためこんでいて、発酵《はっこう》させると尿素《にょうそ》が分解《ぶんかい》されてアンモニアが発生《はっせい》する。このアンモニア臭《しゅう》がとにかく強烈《きょうれつ》で、かんだしゅん間《かん》に「よごれた公衆《こうしゅう》トイレ」のようなにおいが口《くち》いっぱいに広《ひろ》がり、初《はじ》めて食《た》べる人《ひと》は涙《なみだ》がとまらないこともあるそうだ。また、口《くち》に入《い》れたはいいものの、あまりのくささにかむことができない人《ひと》もいるという。食《た》べなれているはずの地《じ》元《もと》でも「食《た》べている最中《さいちゅう》に深《しん》こきゅうすると気絶《きぜつ》する」などと言《い》われるほどだ。

そんなホンオフェだが、全羅南道《チョルラナムド》では結婚式《けっこんしき》などのおめでたい席《せき》に欠《か》かせない高級料理《こうきゅうりょうり》だ。5ミリくらいにスライスし、コチュジャンのタレにつけてそのまま食《た》べるほか、ゆでたぶた肉《にく》やキムチといっしょに食《た》べることが多《おお》いという。

くさいものコラム

内陸《ないりく》へと運《はこ》ぶとちゅうで発酵《はっこう》したのが始《はじ》まり

朝鮮半島南部《ちょうせんはんとうなんぶ》では昔《むかし》からエイのさしみを食《た》べていたが、あるとき、南《なん》部《ぶ》の治安《ちあん》が悪《わる》くなって内陸《ないりく》へと移《うつ》り住《す》んだ時代《じだい》があった。それでもエイを食《た》べたい南部出身《なんぶしゅっしん》の人々《ひとびと》は、つぼに入《い》れて何日《なんにち》もかけて生《なま》のエイを運《はこ》んだが、その間《あいだ》に発酵《はっこう》してしまったという。しかし、その発酵《はっこう》したくさいエイの味《あじ》になれたことで、げんざいの名物《めいぶつ》とも言《い》えるホンオフェが生《う》まれたのだという。

くさいつけじるに何度《なんど》もつけた魚《さかな》のひもの

くさや

サバやムロアジで作《つく》るよ!

生《なま》ゴミのにおいがするよ~

うま味《み》とくさみがぎょうしゅく 焼《や》いたら近所《きんじょ》におこられる？

くさやは魚《さかな》のひものの一種《いっしゅ》で、日《に》本《ほん》を代表《だいひょう》するくさい食《た》べ物《もの》のひとつだ。においの感《かん》じ方《かた》は人《ひと》によってことなり、「ドブ」「生《なま》ゴミ」などと言《い》われるが、「何《なに》かがくさったようなにおい」と感《かん》じる人《ひと》が多《おお》い。原料《げんりょう》はムロアジ、サバなどの青魚《あおざかな》で、これらを新鮮《しんせん》なうちにおなかから開《ひら》き、内臓《ないぞう》などをていねいに取《と》りのぞいて水《みず》あらいする。その後《ご》、「くさやえき（くさやじる）」という発酵《はっこう》した塩《しお》水《みず》につけてほす作業《さぎょう》を何度《なんど》もくり返《かえ》せば、くさやの完成《かんせい》だ。

くさやのにおいの原因《げんいん》は、このくさやえきにある。くさやを生《う》み出《だ》した伊豆諸島《いずしょとう》では、ひものを作《つく》るための塩水《しおみず》がきちょうだった。このため、塩《しお》や水《みず》をつぎ足《た》しながら同《おな》じつけじるを使《つか》い続《つづ》けた結果《けっか》、魚《さかな》にふくまれる微生物《びせいぶつ》などが発酵《はっこう》し、独特《どくとく》なにおいを持《も》つようになったのだ。においはキツイが、魚《さかな》のうま味《み》をたっぷりとふくんだつけじるで作《つく》られたくさやは、ふつうのひものよりもおいしいと人気《にんき》になり、伊豆諸島《いずしょとう》の名物《めいぶつ》となった。今《いま》もくさやの味《あじ》を好《この》む人《ひと》は多《おお》いが、マンションなどで焼《や》くと近《きん》所《じょ》の人《ひと》から文句《もんく》を言《い》われることがあるため、食《た》べる機会《きかい》がかぎられた珍《ちん》味《み》でもある。

くさいものコラム

くさやの「くさ」は「くさい」が由来《ゆらい》

「くさや」という名前《なまえ》の由来《ゆらい》はいくつかあり、「くさいや（くさいなあ）」から「くさや」になったという説《せつ》や、伊豆諸島《いずしょとう》・新島《にいじま》の方言《ほうげん》で魚《さかな》を意味《いみ》する「よ」と「くさい」を合《あ》わせた「くさいよ（くさい魚《さかな》）」から「くさや」とよばれるようになったとの説《せつ》もある。いずれにしても、くさやの「くさ」は「くさい」であり、食《た》べ物《もの》につける名前《なまえ》としてはひじょうにめずらしい。

おすしのルーツは魚《さかな》の漬《つ》け物《もの》

熟《なれ》鮓《ずし》

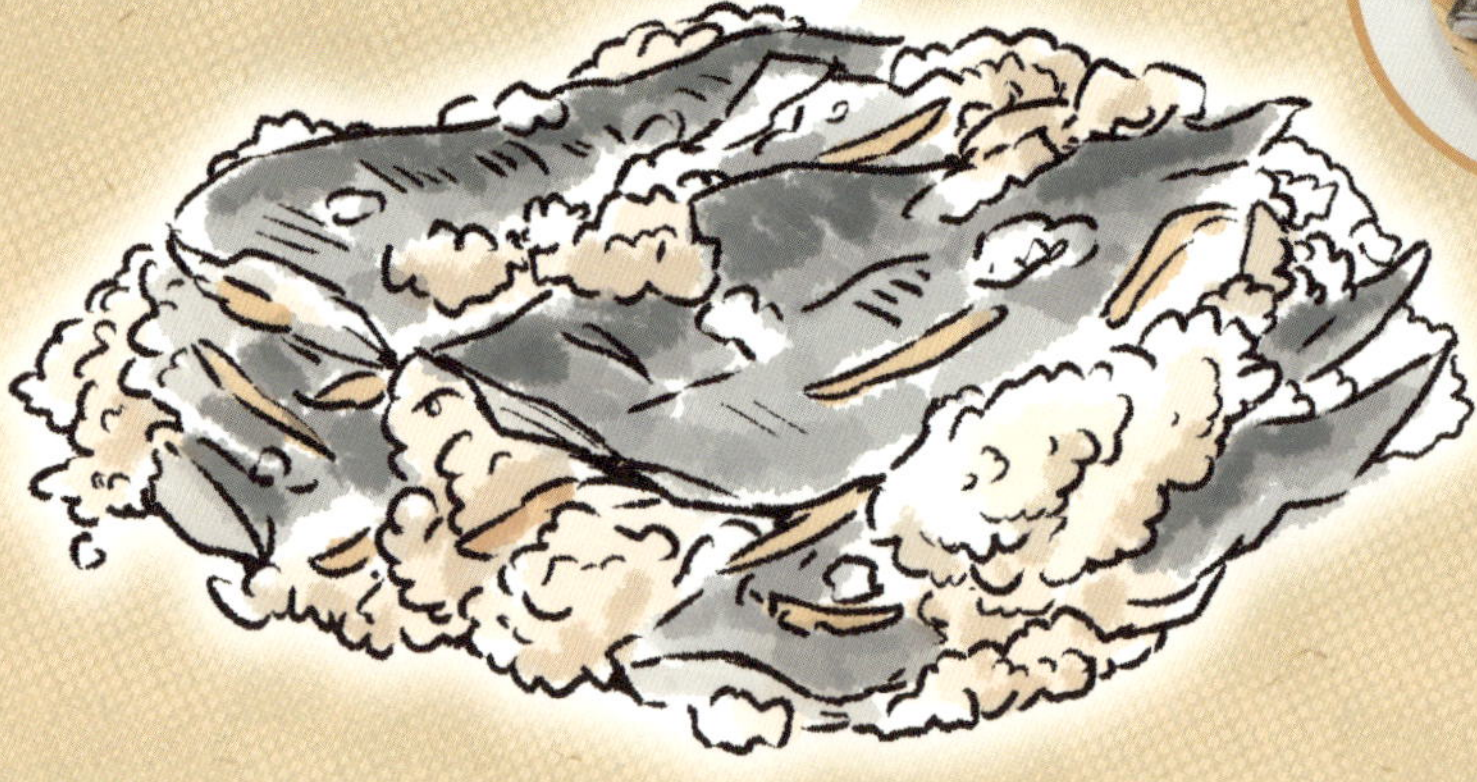

鮎《あゆ》などで作《つく》るよ!

くさい度メーター
まあまあ…
クサい!
ヤバい!!

これもおすしだなんてビックリ!

お酢《す》を使《つか》わずに乳酸菌《にゅうさんきん》で発酵《はっこう》させる昔《むかし》ながらのすし

「すし」は海外《かいがい》でも人気《にんき》の日本《にほん》の伝統食《でんとうしょく》だ。酢飯《すめし》の上《うえ》にさしみをのせた「にぎりずし」が一般的《いっぱんてき》だが、すしのれきしを過去《かこ》へとさかのぼっていくと「熟鮓《なれずし》」とよばれる発酵食品《はっこうしょくひん》にたどりつく。

熟鮓《なれずし》は、塩《しお》づけした魚介類《ぎょかいるい》にごはんをまぜて、重石《おもし》をのせて発酵《はっこう》させたほぞん食《しょく》だ。乳酸菌《にゅうさんきん》というヨーグルトにも入っている微生物《びせいぶつ》が、ごはんを分解《ぶんかい》して乳酸《にゅうさん》へと変《か》えていく。発酵《はっこう》が進《すす》むほど、乳酸特有《にゅうさんとくゆう》のすっぱいにおいが強《つよ》くなっていく。そこに、主原料《しゅげんりょう》である魚《さかな》の生《なま》ぐささが合《あ》わさって、とてつもなくくさいにおいが生《う》まれるのだ。一方《いっぽう》、発酵《はっこう》が進《すす》んだ熟鮓《なれずし》は、魚《さかな》のたんぱくしつがアミノ酸《さん》といううま味成分《みせいぶん》へと変《か》わるため、生魚《なまざかな》では決《けっ》して味《あじ》わえないうま味《み》が感《かん》じられる。

熟鮓《なれずし》のれきしは古《ふる》く、中国《ちゅうごく》や東南《とうなん》アジアなどで紀元前《きげんぜん》から作《つく》られていたという。日本《にほん》に伝《つた》わったのは、稲作《いなさく》が始《はじ》まった縄文時代《じょうもんじだい》のころだと考《かんが》えられている。日本《にほん》の熟鮓《なれずし》は、野菜《やさい》などの漬《つ》け物《もの》と同《おな》じく重石《おもし》をのせるのがとくちょうだ。重石《おもし》をのせることで、魚《さかな》・塩《しお》・ごはんがぴったりとみっちゃくして味《あじ》がつかりやすくなるという。

くさいものコラム

しっかりつけると数十年後《すうじゅうねんご》も食《た》べられる

熟鮓《なれずし》は乳酸菌《にゅうさんきん》がふえることでほかの菌《きん》がはんしょくしにくくなり、長期《ちょうき》ほぞんできる。正《ただ》しくほぞんされた熟鮓《なれずし》は、なんと数十年《すうじゅうねん》たっても食《た》べられるという。ちなみに、熟鮓《なれずし》は魚《さかな》の発酵食品《はっこうしょくひん》であり、食《た》べるときはごはんをのぞいて食《た》べるのが一般的《いっぱんてき》だ。ごはんもいっしょに食《た》べるようになったのは「生熟鮓《なまなれずし》」という新《あら》たな作《つく》り方《かた》が生《う》まれた室町時代《むろまちじだい》のころだという。

げんぞんする日本最古《にほんさいこ》の熟鮓《なれずし》

鮒寿司《ふなずし》

ニゴロブナを使《つか》うよ！

お正月《しょうがつ》などのめでたい日《ひ》に食《た》べられるよ

フナを発酵《はっこう》させた滋賀《しが》の特産《とくさん》 子持《こも》ちのメスが高級品《こうきゅうひん》

鮒寿司《ふなずし》は、滋賀県《しがけん》の郷土料理《きょうどりょうり》として知《し》られる熟鮓《なれずし》だ。奈良時代《ならじだい》にはすでに作《つく》られ、日本《にほん》では最《もっと》も古《ふる》い熟鮓《なれずし》のひとつだと考《かんが》えられている。

使《つか》う魚《さかな》はフナで、主《おも》に琵琶湖《びわこ》に生《せい》息《そく》する淡水魚《たんすいぎょ》のニゴロブナを使《つか》う。なかでも春《はる》にとったメスが高級品《こうきゅうひん》とされる。その理由《りゆう》は、フナの産卵期《さんらんき》は春《はる》であり、この時期《じき》のメスはおなかのなかにたくさんのたまごを持《も》っているからだ。つかまえたニゴロブナは、ていねいにあらってから、うろこ、エラ、らんそう以外《いがい》の内臓《ないぞう》を取《と》りのぞき、まずは塩《しお》だけでつける。その後《ご》、7月《がつ》ごろに本漬《ほんづ》けとしてフナとごはんと順番《じゅんばん》に重《かさ》ねて発酵《はっこう》させると、正月《しょうがつ》にちょうど食《た》べごろの鮒《ふな》寿司《ずし》ができあがる。

鮒寿司《ふなずし》は、ごはんをおとしたあと5ミリくらいにスライスしてもりつけられる。断面《だんめん》はオレンジ色《いろ》のたまごが美《うつく》しく、乳酸《にゅうさん》でやわらかくなったほねまで食《た》べることができるのがとくちょうだ。

しかし、淡水魚《たんすいぎょ》であるフナ特有《とくゆう》のくさみは、熟鮓《なれずし》のなかでもトップクラスだ。「くさやよりもくさい」と言《い》われ、口《くち》へと運《はこ》べないまま終《お》わる人《ひと》も少《すく》なくない。

くさいものコラム

発酵《はっこう》してなくても フナはどろくさい

フナを食《た》べる文化《ぶんか》は日本各地《にほんかくち》にあり、熟鮓《なれずし》だけでなくさまざまな調理《ちょうり》法《ほう》がある。東海地方《とうかいちほう》では大豆《だいず》といっしょにる「鮒《ふな》みそ」があり、岡山《おかやま》県《けん》では汁物《しるもの》にしてごはんにかける「鮒《ふな》めし」がある。ただし、ほかの川《かわ》魚《ざかな》と同《おな》じく、淡水魚《たんすいぎょ》であるフナはどろくささが強《つよ》い。このため、つかまえたフナは、数日《すうじつ》から数週間《すうしゅうかん》、エサをあたえずにきれいな水《みず》で泳《およ》がせ、体内《たいない》のどろをぬく必要《ひつよう》がある。

▲鮒《ふな》めし
画像提供：岡山市栄養改善協議会

発酵《はっこう》期間《きかん》が長《なが》い昔《むかし》ながらのおすし

くされ鮓《ずし》

サンマを使《つか》ったものもあるよ!

長期間《ちょうじかん》発酵《はっこう》させた本熟鮓《ほんなれずし》 30年《ねん》たっても食《た》べられる

熟鮓《なれずし》で使《つか》われるごはんは、発酵《はっこう》のための材料《ざいりょう》であり、つけた魚《さかな》を食《た》べるときはとりのぞいてすてられてしまう。しかし、室町時代《むろまちじだい》に入《はい》ると、発酵期間《はっこうきかん》を短《みじか》くして魚《さかな》といっしょにごはんも食《た》べる「生熟鮓《なまなれずし》（早熟鮓《はやなれずし》）」という文化《ぶんか》が生《う》まれた。それからというもの、昔《むかし》ながらの熟鮓《なれずし》は、生熟《なまなれ》鮓《ずし》に対《たい》して「本熟鮓《ほんなれずし》」とよばれるようになった。

本熟鮓《ほんなれずし》は、しばしば「くされ鮓《ずし》」ともよばれる。早《はや》めに食《た》べる生熟鮓《なまなれずし》とはちがい、じっくりと時間《じかん》をかけて発酵《はっこう》させた本熟鮓《ほんなれずし》は、文字通《もじどお》りくさっているかのような強《つよ》いにおいがするからだ。

和歌山県《わかやまけん》には、サンマを使《つか》った熟《なれ》鮓《ずし》があり、生熟鮓《なまなれずし》と本熟鮓《ほんなれずし》のどちらも作《つく》られている。注目《ちゅうもく》したいのは本《ほん》熟鮓《なれずし》の方《ほう》で、なんと「発酵期間《はっこうきかん》30年《ねん》」という信《しん》じられない本熟鮓《ほんなれずし》をあつかう店《みせ》もあるのだ。

30年間《ねんかん》も発酵《はっこう》させた熟鮓《なれずし》は、サンマもごはんも、ほとんどがドロドロになっていて、まるで「にごみすぎたおかゆ」のような見《み》た目《め》をしている。これでは「ごはんをすてる」という本熟鮓《ほんなれずし》本来《ほんらい》の食《た》べ方《かた》ができないため、ドロドロになった物体《ぶったい》をそのまま食《た》べるそうだ。

くさいものコラム

本熟鮓《ほんなれずし》から生熟鮓《なまなれずし》へ 生熟鮓《なまなれずし》から早《はや》ずしへ

生熟鮓《なまなれずし》は発酵期間《はっこうきかん》1か月《げつ》ていどで、ごはんにほどよいすっぱさがある。江戸時代中期《えどじだいちゅうき》にお酢《す》が出回《でまわ》るようになると、人々《ひとびと》は「もっと手軽《てがる》に熟鮓《なれずし》のような食《た》べ物《もの》を作《つく》ろう」と考《かんが》えた。そこで、ごはんにお酢《す》をまぜた「酢飯《すめし》」に魚介類《ぎょかいるい》を重《かさ》ね、重石《おもし》をのせて数時間《すうじかん》で食《た》べる「早《はや》ずし」が生《う》まれた。これが今《いま》のおすしの原形《げんけい》で、「おしずし」や「にぎりずし」へとつながっていった。

今《いま》でもタイで食《た》べられている熟鮓《なれずし》

パー・ソム

フナににた魚《さかな》が原料《げんりょう》

くさい度メーター
まあまあ…
クサい！
ヤバい!!

日本《にほん》の熟鮓《なれずし》よりも昔《むかし》から作《つく》られているよ

そのまま食《た》べるときけん？ 近年《きんねん》は加熱調理《かねつちょうり》が一般的《いっぱんてき》

熟鮓《なれずし》が最初《さいしょ》に作《つく》られたのは、中国《ちゅうごく》南部《なんぶ》や東南《とうなん》アジアのメコン川《がわ》ぞい（ベトナム、ラオス、タイなど）だと言《い》われている。

タイでは、いまでも熟鮓《なれずし》が作《つく》られていて、代表的《だいひょうてき》なものは次《つぎ》の3種類《しゅるい》だ。魚《さかな》をそのままごはんとつけた「パー・ソム」、魚《さかな》や動物《どうぶつ》の肉《にく》を切《き》りきざんだものをごはんでつけた「パー・マム」、魚《さかな》をこうじでつけた「パー・チャオ」である。

日本《にほん》の熟鮓《なれずし》と作《つく》り方《かた》が近《ちか》いのはパー・ソムで、原料《げんりょう》はフナににた淡水魚《たんすいぎょ》だ。この魚《さかな》を頭《あたま》と内臓《ないぞう》を取《と》りのぞき、たいたもち米《ごめ》、塩《しお》、ニンニク、さとうをまぜて発酵《はっこう》・熟成《じゅくせい》させる。発酵期間《はっこうきかん》は数日《すうじつ》と短《みじか》いが、しっかりとみっぺいしておけば2か月《げつ》ほどほぞんできるという。

発酵《はっこう》させた魚《さかな》のくささは、これまで何度《なんど》もせつめいしてきたが、パー・ソムもすっぱいにおいとくさった魚《さかな》のにおいが合《あ》わさった、強烈《きょうれつ》なくささを持《も》っている。かつてパー・ソムは、トウガラシなどをつけてそのまま食《た》べられていた。しかし、げんざいは食中毒《しょくちゅうどく》などのきけんせいから、いため物《もの》やあげ物《もの》など加熱《かねつ》することが多《おお》く、メインのおかずとして食《た》べられている。

くさいものコラム

魚《さかな》を発酵《はっこう》させて作《つく》る タイと言《い》えばの調味料《ちょうみりょう》

タイには、パー・ソムやパー・マムなどのほかに、塩《しお》づけにした魚介類《ぎょかいるい》と米《こめ》のこなをまぜた「プラーラー（パラー）」という塩辛《しおから》のような発酵食品《はっこうしょくひん》がある。プラーラーのうわずみえきは、タイで欠かせない調味料《ちょうみりょう》である「ナンプラー（130ページ）」だ。ナンプラーの作《つく》り方《かた》は場所《ばしょ》や材料《ざいりょう》によってさまざまだが、プラーラーから作《つく》られたものもナンプラーとなるのだ。

「清流《せいりゅう》の女王《じょおう》」で作《つく》るアユの塩辛《しおから》

鮎《あゆ》のうるか

アユで作《つく》った
塩辛《しおから》だよ!

塩《しお》辛《から》特《とく》有《ゆう》のくさみのなかにさまざまな味《あじ》が広《ひろ》がる

鮎《あゆ》のうるかとはアユの塩《しお》辛《から》のことだ。アユは川《かわ》で生《う》まれたあと、子《こ》ども時《じ》代《だい》に海《うみ》へと出《で》て、成《せい》長《ちょう》すると川《かわ》へともどってくる魚《さかな》だ。海《うみ》からはなれた山《さん》間《かん》部《ぶ》では、川《かわ》でとれる魚《さかな》はきちょうなたんぱくしつ。しかし、アユはとれる時《じ》期《き》がかぎられているため、ほぞんする方《ほう》法《ほう》のひとつとして、塩《しお》でつけて熟《じゅく》成《せい》させる「鮎《あゆ》のうるか」が生《う》まれたと言《い》われている。

鮎《あゆ》のうるかは部《ぶ》位《い》によってよび名《な》が変《か》わる。内《ない》臓《ぞう》を少《すこ》しだけ水《みず》あらいした塩《しお》辛《から》は「泥《どろ》うるか」、内《ない》臓《ぞう》をよく水《みず》あらいした塩《しお》辛《から》は「苦《にが》うるか」、身《み》と内《ない》臓《ぞう》をこまかくきざんだ塩《しお》辛《から》は「切《き》りこみうるか」、卵《らん》巣《そう》の塩《しお》辛《から》は「子《こ》うるか」、白《しら》子《こ》の塩《しお》辛《から》は「白《しろ》うるか」とよばれ、とくに作《つく》られることが多《おお》いのは、内《ない》臓《ぞう》を使《つか》った泥《どろ》うるかと苦《にが》うるかだ。

塩《しお》辛《から》ならではのくさみはあるが、口《くち》に入《い》れれば苦《にが》味《み》、あま味《み》、塩《えん》味《み》、うま味《み》などさまざまな味《あじ》が広《ひろ》がる。アツアツのごはんと合《あ》わせれば、少《しょう》量《りょう》でもごはんがすすむ最《さい》高《こう》のおかずだ。また、大人《おとな》たちには酒《さけ》のおつまみとしても好《この》まれている。アユがとれる全《ぜん》国《こく》各《かく》地《ち》の清《せい》流《りゅう》地《ち》域《いき》で作《つく》られ、岐《ぎ》阜《ふ》県《けん》の長《なが》良《ら》川《がわ》や九《きゅう》州《しゅう》の球《く》磨《ま》川《がわ》などの鮎《あゆ》のうるかが有《ゆう》名《めい》だ。

くさいものコラム

きれいな川《かわ》を好《この》む清《せい》流《りゅう》の女《じょ》王《おう》

「清《せい》流《りゅう》の女《じょ》王《おう》」とよばれるアユは、きれいな水《みず》を好《この》み、よごれた川《かわ》では生《い》きられない。川《かわ》がきれいなほどアユの味《あじ》はおいしくなり、鮎《あゆ》のうるかのおいしさにも大《おお》きなえいきょうをあたえるという。また、アユは日《にっ》中《ちゅう》に川《かわ》藻《も》を食《た》べ、夜《よ》中《なか》に川《かわ》藻《も》にまざっていた土《つち》やすなをはき出《だ》すというとくちょうがある。このため、明《あ》け方《がた》にとれたアユの内《ない》臓《ぞう》が最《もっと》もきれいで高《こう》品《ひん》質《しつ》とされている。

有明海《ありあけかい》でとれる小《ちい》さなカニの塩辛《しおから》

がん漬《づけ》

シオマネキなどが原料《げんりょう》だよ！

小《ちい》さなカニを甲羅《こうら》ごとすりつぶして塩《しお》づけにする

がん漬《づけ》とは「カニの塩辛《しおから》」のことで、佐賀県《さがけん》の有明海《ありあけかい》えん岸《がん》の郷土料理《きょうどりょうり》だ。もともと「かに漬《づけ》」とよばれていたが、いつしかなまって「がん漬《づけ》」になったという。ほかにも「がに漬《づけ》」や「がね漬《づけ》」など、地域《ちいき》によっていろいろなよび名《な》がある。

有明海《ありあけかい》は、しおが引《ひ》くと「ひがた」とよばれる広《ひろ》い浅瀬《あさせ》ができる。このひがたでとれるシオマネキ（マガニ）やアリアケガニ（ツメアカ／カタシロ）といった小《ちい》さなカニが、がん漬《づけ》の原料《げんりょう》となる。

これらのカニを、よく水《みず》であらったあとにすりつぶし、塩《しお》やトウガラシなどとまぜ合《あ》わせて発酵《はっこう》・熟成《じゅくせい》させる。だいたい1か月後《げつご》から食《た》べられるが、2~3か月《げつ》から半年《はんとし》ほど発酵《こう》・熟成《じゅくせい》させると、カニのうま味《み》と塩《しお》のしょっぱさ、トウガラシの辛味《からみ》が上手《じょうず》にまざり合《あ》い、おく深《ぶか》い味《あじ》わいになるそうだ。ただし、その分《ぶん》だけくさみも強《つよ》くなってしまうのがざんねんなポイントだ。

がん漬《づけ》は鮎《あゆ》のうるか（22ページ）と同《おな》じく、ごはんのおともや酒《さけ》のおつまみとして食《た》べることが多《おお》い。また、地元《じもと》ではかくし味《あじ》として使《つか》われることもあり、みそしるに入《い》れると風味《ふうみ》がアップするという。

くさいものコラム

大《おお》きなはさみでメスにアピール

がん漬《づけ》の原料《げんりょう》となるシオマネキ。オスのシオマネキは、片方《かたほう》のハサミだけがとても大《おお》きいというユニークなとくちょうを持《も》っている。この大《おお》きなハサミを振《ふ》り回《まわ》して、ほかのオスと戦《たたか》ったり、メスにプロポーズしたりするのだ。がん漬《づけ》にするときは、細《こま》かくすりつぶしてペースト状《じょう》にすれば、なめらかなしたざわりとなる。一方《いっぽう》、あえてあらめにつぶせば、ハサミの食感《しょっかん》が楽《たの》しめる。

フグの卵巣《らんそう》のぬか漬《づ》け

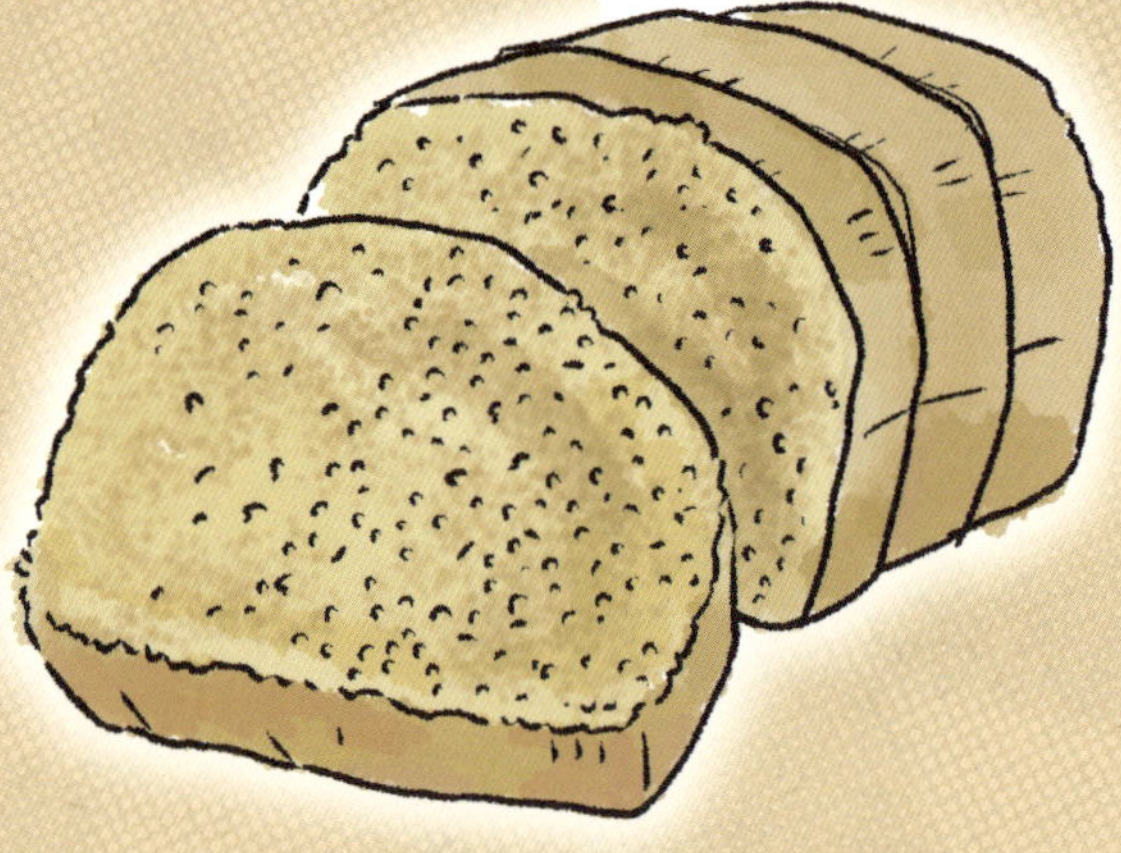

フグの卵巣《らんそう》が
原料《げんりょう》なの

くさい度メーター
まあまあ…
クサい！
ヤバい!!

ぬかにつけると どくが消《き》える!?

どくの多《おお》い卵巣《らんそう》を食《た》べる！石川県《いしかわけん》のミラクルグルメ

フグの卵巣《らんそう》のぬか漬《づ》けは、石川県《いしかわけん》で江戸時代《えどじだい》から作《つく》られ続《つづ》けている伝《でん》統食《とうしょく》だ。フグと言《い》えば、どくを持《も》つ魚《さかな》として有名《ゆうめい》で、さばくことができるのはせんもんのしかくを持《も》った人《ひと》だけ。フグの部位《ぶい》で最《もっと》も多《おお》くのどくをふくんでいるのが卵巣《らんそう》だが、そんな卵巣《らんそう》のどくを消《け》して食《た》べてしまうというからおどろきだ。

作《つく》り方《かた》は、フグから取《と》り出《だ》した卵《らん》巣《そう》を塩《しお》でつけて約《やく》1年間《ねんかん》ほぞんしたあと、さらにぬかみそに2～3年《ねん》つけこんで発酵《はっこう》・熟成《じゅくせい》させるという。すると、ふしぎなことに卵巣《らんそう》のどくがすべて消《き》えてしまうのだ。「ぬかみそ内《ない》の微生物《びせいぶつ》が、フグのどくを分《ぶん》解《かい》する」と考《かんが》えられているが、実《じつ》はどくがなくなるくわしい仕組《しく》みはわかっていない。このため、フグの卵《らん》巣《そう》のぬか漬《づ》けは「きせきの食品《しょくひん》」とよばれ、作《つく》ることを許可《きょか》されているのは、古《ふる》くから製造方法《せいぞうほうほう》が伝《つた》わっている石川県《いしかわけん》のなかでも、わずかな人《ひと》たちだけなのだ。

ぬか漬《づ》け特有《とくゆう》のくさったにおいやアルコールのにおいがただようものの、のうこうな味《あじ》わいが人気《にんき》だ。塩《しお》でつける期間《きかん》が長《なが》いため塩味《えんみ》が強《つよ》く、少量《しょうりょう》でもごはんがすすむのがとくちょうだ。

くさいものコラム

フグどくで人《ひと》は死《し》ぬ 世界一《せかいいち》きけんな食《た》べ物《もの》

フグのどくはテトロドトキシンという成分《せいぶん》で、卵巣《らんそう》1こにふくまれるテトロドトキシンで、なんと人間《にんげん》15人分《にんぶん》の命《いのち》をうばうことができるという。熱《ねつ》に強《つよ》いため、加熱調理《かねつちょうり》でどくをなくすこともできない。だからこそ、フグの卵巣《らんそう》のぬか漬《づ》けは「きせきの食品《しょくひん》」とよばれているが、「世《せ》界一《かいいち》きけんな食《た》べ物《もの》」や「きんだんのグルメ」などとよばれることもある。

サメ肉《にく》を発酵《はっこう》させたゲキクサ食品《しょくひん》

ハカール

オンデンザメ科《か》の
サメを使《つか》うよ
くさい度メーター
まあまあ…
クサい！
ヤバい!!
見《み》た目《め》は
食《た》べやすそう
だけど…

おそろしい見《み》た目《め》と同《おな》じく こうげき的《てき》なアンモニア臭《しゅう》

ハカールは、サメ肉《にく》を発酵《はっこう》させたアイスランドの伝統食《でんとうしょく》だ。

10ページでしょうかいしたホンオフェの原料《げんりょう》はエイだが、エイはサメから派生《はせい》して進化《しんか》したと考《かんが》えられている。エイと同《おな》じく、サメも体内《たいない》に尿素《にょうそ》をためこんでいて、強《つよ》いアンモニア臭《しゅう》の原因《げんいん》となる。

ホンオフェとのちがいは、発酵《はっこう》させたあとに数か月《げつ》かんそうさせるところだ。かんそうによって表面《ひょうめん》は茶《ちゃ》色《いろ》く変色《へんしょく》してしまうが、この部分《ぶぶん》は切《き》り落《お》とすため、真空《しんくう》パックなどで売《う》られているハカールはクリーム色《いろ》に近《ちか》く、食《た》べやすそうな見《み》た目《め》をしている。しかし、大量《たいりょう》のアンモニアをふくんでいるので、かめばかむほど口のなかにおしっこのにおいが広《ひろ》がる。鼻《はな》をつまみながら食《た》べる人《ひと》もいるそうだが、そこまでして食《た》べたいと思《おも》わせるほど、熟成《じゅくせい》されたうま味《み》がクセになるという。

ちなみに、サメ肉《にく》を食《た》べる文化《ぶんか》はアジアに多《おお》く、日本《にほん》でも一般的《いっぱんてき》な食《しょく》材《ざい》だ。新鮮《しんせん》なサメはアンモニア臭《しゅう》が少《すく》なく、スーパーでも切《き》り身《み》で売《う》られていることが多《おお》い。また、すり身《み》にして、かまぼこ、魚肉《ぎょにく》ソーセージ、魚肉団子《ぎょにくだんご》など、加工食品《かこうしょくひん》としても数《かず》多《おお》く利用《りよう》されている。

くさいもの コラム

歯《は》が折《お》れてもだいじょうぶ 新《あたら》しい歯《は》が生《は》えてくる

サメは先《さき》のとがったするどい歯《は》を持《も》ち、えものをかんたんにかみちぎることができる。強《つよ》くかみすぎて歯《は》が折《お》れてしまうこともあるが、サメの歯《は》は何度《なんど》折《お》れても新《あたら》しい歯《は》が生《は》えてくるのだ。

なんと一生《いっしょう》で数千本《すうせんぼん》が生《は》えかわるサメもいるそうで、この仕組《しく》みをときあかし、永久歯《えいきゅうし》を失《うしな》った人間《にんげん》の歯《は》をとりもどそうとする研究《けんきゅう》がすすめられている。

「発《はっ》酵《こう》」と「熟《じゅく》成《せい》」はいったい何《なに》がちがうの？

この本《ほん》でひんぱんに登場《とうじょう》する「発《はっ》酵《こう》」と「熟《じゅく》成《せい》」という言葉《ことば》。ちがいを説明《せつめい》しろと言《い》われたら、意外《いがい》と大人《おとな》でも難《むずか》しい。

人《ひと》に都合《つごう》の良《よ》い働《はたら》きが発《はっ》酵《こう》 都合《つごう》の悪《わる》い働《はたら》きが腐《ふ》敗《はい》

微《び》生《せい》物《ぶつ》は「酵《こう》素《そ》」というものを持《も》っている。この酵《こう》素《そ》を使《つか》って、食《た》べ物《もの》にふくまれる炭《たん》水《すい》化《か》物《ぶつ》やたんぱくしつなどを分《ぶん》解《かい》したり変《へん》化《か》させたりしながら、生《い》きるためのエネルギーをえている。

分《ぶん》解《かい》や変《へん》化《か》によって生《しょう》じた成《せい》分《ぶん》が、人《ひと》にとって良《よ》い栄《えい》養《よう》だった場《ば》合《あい》、その微《び》生《せい》物《ぶつ》の働《はたら》きは「発《はっ》酵《こう》」とよばれる。ぎゃくに、人《ひと》にとって悪《わる》い成《せい》分《ぶん》が生《しょう》じた場《ば》合《あい》は「腐《ふ》敗《はい》」とよばれる。どちらも微《び》生《せい》物《ぶつ》の働《はたら》きであることに変《か》わりないが、実《じつ》は人《ひと》の都《つ》合《ごう》で「発《はっ》酵《こう》」と「腐《ふ》敗《はい》」という言《こと》葉《ば》を使《つか》い分《わ》けているのだ。

例《たと》えば、牛《ぎゅう》乳《にゅう》に「乳《にゅう》酸《さん》菌《きん》」という微《び》生《せい》物《ぶつ》を加《くわ》えると、乳《にゅう》酸《さん》菌《きん》が牛《ぎゅう》乳《にゅう》のなかの糖《とう》やたんぱくしつを分《ぶん》解《かい》してヨーグルトができる。ヨーグルトは人《ひと》にとって健《けん》康《こう》に良《よ》い食《た》べ物《もの》なので、この微《び》生《せい》物《ぶつ》の働《はたら》きは「発《はっ》酵《こう》」だ。一《いっ》方《ぽう》、牛《ぎゅう》乳《にゅう》を長《ちょう》時《じ》間《かん》放《ほう》置《ち》すると「腐《ふ》敗《はい》菌《きん》」という別《べつ》の微《び》生《せい》物《ぶつ》がふえて、人《ひと》が飲《の》むとおなかをこわしてしまう。これは人《ひと》にとって悪《わる》い食《た》べ物《もの》となるので、この微《び》生《せい》物《ぶつ》の働《はたら》きは「腐《ふ》敗《はい》」になるわけだ。

では「発《はっ》酵《こう》」といっしょに使《つか》われることが多《おお》い「熟《じゅく》成《せい》」とは何《なん》だろうか。「酵《こう》素《そ》」は微《び》生《せい》物《ぶつ》だけが持《も》つものではなく、実《じつ》は食《た》べ物《もの》にもふくまれている。その食《た》べ物《もの》がもともと持《も》っている「酵《こう》素《そ》」の働《はたら》きによって、分《ぶん》解《かい》や変《へん》化《か》が生《しょう》じることを「熟《じゅく》成《せい》」とよぶのだ。食《た》べ物《もの》を「発《はっ》酵《こう》・熟《じゅく》成《せい》」させると、もとの食《しょく》材《ざい》よりもおいしくなったり、栄《えい》養《よう》がふえたりする。ただし、分《ぶん》解《かい》や変《へん》化《か》によって新《あら》たな成《せい》分《ぶん》がふえると、その成《せい》分《ぶん》が持《も》つにおいもふえていくことになる。このため、発《はっ》酵《こう》食《しょく》品《ひん》には特《とく》有《ゆう》のにおいがつきまとうのだ。

第《だい》2章《しょう》

肉《にく》

日本《にほん》では焼肉《やきにく》のジンギスカンでおなじみ

ヒツジ

わかいヒツジの肉《にく》ほどやわらかい！

▲ジンギスカンが代表的《だいひょうてき》な料理《りょうり》！

くさい度メーター
まあまあ…
クサい！
ヤバい!!

1歳《さい》未満《みまん》はラム、1歳《さい》以上《いじょう》はマトンとよばれるよ

ヒツジの肉《にく》は年《とし》をとればとるほどくさくなる!

ヒツジ料理《りょうり》と言《い》えば、日本《にほん》では北海道《ほっかいどう》を中心《ちゅうしん》とした焼肉料理《やきにくりょうり》のジンギスカンが有名《ゆうめい》だ。ウシ、ブタ、ニワトリなどの日本人《にほんじん》になじみ深《ぶか》い肉《にく》とくらべると、少《すこ》しクセはあるが、「あまりくさみを感《かん》じない」という人《ひと》も多《おお》いだろう。

しかし、それは食材《しょくざい》の品質《ひんしつ》にこだわる日本《にほん》だからこそ。実《じつ》はヒツジの肉《にく》は年齢《ねんれい》や性別《せいべつ》によってちがうのだ。年《とし》をとるほどくさみが出《で》やすくなり、最《もっと》もくさいとされるのはおじいさんのヒツジだという。一方《いっぽう》、生後《せいご》1年《ねん》未満《みまん》の子《こ》ヒツジの肉《にく》「ラム」はくさみが少《すく》なく、やわらかいのがとくちょうだ。

くさみの原因《げんいん》は、主《おも》にしぼうにある。ヒツジのしぼうは「酸化《さんか》」という化学反応《かがくはんのう》を起《お》こしやすく、酸化《さんか》するとくさみが出《で》てしまう。ラムのくさみが少《すく》ないのは、大人《おとな》よりも子《こ》どものヒツジの方《ほう》がしぼうが少《すく》ないからなのだ。

海外《かいがい》ではぶつ切《ぎ》り肉《にく》を串焼《くしや》きにしたシシカバブ、ほね付《つ》き肉《にく》を焼《や》いたラムチョップなどが有名《ゆうめい》だが、一部《いちぶ》の国《くに》ではヒツジの脳《のう》を使《つか》った料理《りょうり》もある。ヒツジの脳《のう》は白子《しらこ》のようなコクがあるそうで、東南《とうなん》アジアではカレーの材料《ざいりょう》などに使《つか》われる。

くさいものコラム

材料《ざいりょう》はヒツジの血《ち》 ブラッドソーセージ

モンゴルの遊牧民《ゆうぼくみん》がヒツジを食《た》べるときは、すべての部位《ぶい》をむだにしない。脳《のう》や内臓《ないぞう》はもちろん、血《ち》も料理《りょうり》に使《つか》うのだ。なかでもおどろきなのが、ヒツジの血《ち》を腸《ちょう》につめた「ブラッドソーセージ」だ。熱《ねつ》を加《くわ》えた血《ち》はぶきみな赤黒《あかぐろ》い色《いろ》で、見《み》た目《め》はかなりグロテスクだ。けものくささだけでなく、血《ち》にふくまれる鉄分《てつぶん》のえいきょうで、さびた鉄《てつ》のような味《あじ》がするという。

ヒツジににてるがヒツジよりくさい

ヤギ

にこみ料理《りょうり》のヤギ汁《じる》が有名《ゆうめい》

▲ヤギ汁《じる》は沖縄《おきなわ》でよく食《た》べられるよ

郷土料理《きょうどりょうり》だけど苦手《にがて》!? くさみが強《つよ》いヤギ汁《じる》

ヤギはヒツジによくにた動物《どうぶつ》だ。肉《にく》の味《あじ》も近《ちか》く、しばしばヒツジと同《おな》じく生後《せいご》1年《ねん》未満《みまん》の肉《にく》を「ラム」、1年《ねん》以上《いじょう》を「マトン」とよぶことがある。ただし、肉《にく》のくさみはヒツジよりも強《つよ》いという。ヤギ肉《にく》は中南米《ちゅうなんべい》、アジア、アフリカなど広《ひろ》い地域《ちいき》で食《た》べられている。

日本《にほん》ではあまりなじみがないが、沖縄県《おきなわけん》では「ヒージャー（沖縄方言《おきなわほうげん》でヤギの意味《いみ》）料理《りょうり》」として親《した》しまれている。ヒージャー料理《りょうり》で有名《ゆうめい》なのは「ヤギ汁《じる》」と「ヤギ刺《さ》し」だ。

ヤギ汁《じる》は、ヤギの肉《にく》、骨《ほね》、内臓《ないぞう》などをぶつ切《ぎ》りにして、数時間《すうじかん》じっくりとにこむ。仕上《しあ》げに香《かお》りの強《つよ》いヨモギやショウガなどを加《くわ》え、塩《しお》で味《あじ》を整《ととの》えれば完成《かんせい》だ。ヨモギのおかげでヤギ肉特有《にくとくゆう》のけものくささはうすれるが、地元沖縄《じもとおきなわ》でも苦手《にがて》という人《ひと》が多《おお》いという。

ヤギ刺《さ》しは、その名《な》の通《とお》りヤギのさしみである。皮付《かわつ》きの赤身肉《あかみにく》を生《なま》で食《た》べるのだが、皮《かわ》の表面《ひょうめん》は火《ひ》であぶられていて、コリコリとした食感《しょっかん》が楽《たの》しめる。さしみにできるのはしんせんな肉《にく》だけだ。このため、くさみの原因《げんいん》となる酸化《さんか》が起《お》きづらく、ヤギ汁《じる》にくらべてくさみが少《すく》なく食《た》べやすいのがとくちょうだ。

くさいものコラム

ヤギはあくま!? 実《じつ》は目《め》がこわい

ヤギの黒目《くろめ》は横《よこ》に細長《ほそなが》く、見《み》れば見《み》るほどぶきみな印象《いんしょう》を受《う》ける。こうしたイメージからか、古《ふる》くからヤギは神話《しんわ》や宗教《しゅうきょう》などで「あくまのしょうちょう」としてあつかわれることが多《おお》い。

また、古《ふる》くから宗教《しゅうきょう》のぎしきなどでいけにえに使《つか》われることも多《おお》い。「身代《みが》わり」や「いけにえ」を意味《いみ》する英語《えいご》「スケープゴート」の「ゴート」とはヤギのことだ。

欧米《おうべい》では高級肉《こうきゅうにく》として人気《にんき》!

シカ

焼《や》いたりする
ことが多《おお》いよ!

▲スパイスたっぷりのシカ肉《にく》のグリル

くさい度メーター
まあまあ…
クサい!
ヤバい!!

かわいいけど
田畑《たはた》を荒《あ》らす
害獣《がいじゅう》だよ

上手《じょうず》に下処理《したしょり》すればくさみがおさえられる

日本《にほん》では「ジビエ料理《りょうり》」としてふるまわれることが多《おお》いシカ肉《にく》。「ジビエ」とはフランス語《ご》で「狩《か》りでつかまえた野生《やせい》の鳥《とり》やけものの肉《にく》」という意味《いみ》だ。野生《やせい》のシカがふえると、人里《ひとざと》に下《お》りてきて田畑《たはた》をあらしたり、自然《しぜん》のバランスをこわしたりしてしまう。そこで、ふえすぎたシカをつかまえる必要《ひつよう》があるが、命《いのち》をむだにしないよう食用《しょくよう》にするのだ。

シカ肉《にく》は高《こう》たんぱく低《てい》しぼうの栄養豊富《えいようほうふ》な食材《しょくざい》で、アメリカやヨーロッパでは高級肉《こうきゅうにく》として人気《にんき》だ。日本《にほん》でも少《すこ》しずつ人気《にんき》が高《たか》まっているが、処理《しょり》をまちがえると、とんでもなくくさくなってしまう。

多《おお》くの動物《どうぶつ》は、木《き》などににおいがついたおしっこをかけて「ここは自分《じぶん》の場所《ばしょ》だ」と主張《しゅちょう》するマーキングという行動《こうどう》をとる。シカもマーキングのためにおしっこするが、そのにおいがとてもくさいのだ。食用《しょくよう》のシカを処理《しょり》するとき、そのにおいがつまったふくろをやぶってしまうと、肉《にく》ににおいがうつって「くさい肉《にく》」になってしまう。また、シカの血《ち》もけものくささが強《つよ》く、しとめたシカはすぐに血《ち》をぬかないと、全身《ぜんしん》の肉《にく》にそのにおいがうつって食《た》べられなくなるという。

くさいもの コラム

まぎらわしい シカの鳴《な》き声《ごえ》

シカは複数《ふくすう》の鳴《な》き声《ごえ》を使《つか》い分《わ》けている。たとえば親子《おやこ》が交流《こうりゅう》するときは「ギィ」「チィ」などと鳴《な》く。一方《いっぽう》、発情期《はつじょうき》のオスの鳴《な》き声《ごえ》は「キャー!」である。女《おんな》の人《ひと》のさけび声《ごえ》ににていて、知《し》らずに聞《き》くと何《なに》かじけんが起《お》きたのかとおどろいてしまう。オスの発情期《はつじょうき》は9～11月《がつ》ごろで、この時期《じき》は山《やま》から「キャー!」という鳴《な》き声《ごえ》が聞《き》こえることがふえるそうだ。

ピンチになるとおしりから悪臭《あくしゅう》を出《だ》す

イタチ

からあげなどにして
なんとか食《た》べられる…？

▶なかなか食《た》べら
れないイタチ肉《にく》の
からあげ

家《いえ》に住《す》み着《つ》くこともある きょうぼうな小《しょう》動《どう》物《ぶつ》

細長《ほそなが》い体《からだ》に短《みじか》い足《あし》、丸《まる》い耳《みみ》につぶらな目《め》がとくちょうのイタチ。ペットとして人気《にんき》のフェレットもイタチ科《か》で、その仲間《なかま》であるイタチもかわいらしい見《み》た目《め》をしている。しかし、せいかくはきょうぼうで、ネズミや小鳥《ことり》をおそってムシャムシャと食《た》べてしまう肉食獣《にくしょくじゅう》だ。

シカと同《おな》じく農作物《のうさくぶつ》をあらす害獣《がいじゅう》であり、シカよりもやっかいなのは、小《ちい》さな体《からだ》をいかして民家《みんか》にもぐりこむところだ。屋根裏《やねうら》に住《す》み着《つ》けば、天井《てんじょう》からはイタチが動《うご》き回《まわ》るうるさい音《おと》が聞《き》こえてくるし、フンやおしっこで家《いえ》をよごしてしまう。また、近《ちか》くのゴミすて場《ば》で生《なま》ゴミをあさって散《ち》らかすこともある。人《ひと》にとっては、なんともめいわくなそんざいと言《い》えるだろう。

そんなイタチを苦労《くろう》してつかまえても、ほかのジビエのように食用《しょくよう》にするケースは少《すく》ないようだ。なぜなら、イタチ（ニホンイタチ）の体長《たいちょう》はしっぽをのぞくとわずか30センチくらいで、血《ち》ぬきやさばく作業《さぎょう》などの手間《てま》がかかるわりに、食《た》べられる部分《ぶぶん》が少《すく》ないからだ。しかも、いざ食《た》べたところで肉食動物《にくしょくどうぶつ》特有《とくゆう》のけものくささと肉《にく》のかたさがあり、特《とく》においしくはない。

くさいもの コラム

おならじゃないけど おならのにおい

「追《お》いつめられたときに悪《わる》あがきする」という意味《いみ》のことわざに「イタチの最後《さいご》っ屁《ぺ》」がある。

イタチは身《み》を守《まも》るためにこうもんから悪臭《あくしゅう》を出《だ》すが、実《じつ》はおならではなくこうもんの近《ちか》くから放出《ほうしゅつ》される「くさい液体《えきたい》」だ。この液体《えきたい》にふくまれるブチルメルカプタンという成《せい》分《ぶん》は、ニンニクとおならをまぜたようなにおいで、この悪臭《あくしゅう》でてきを追《お》いはらうのだ。

ジビエでも人気《にんき》の「ぼたん肉《にく》」

イノシシ

ぶた肉《にく》より
ワイルドな味《あじ》わい!

▲代表的《だいひょうてき》な料理《りょうり》の
ぼたんなべ

くさい度メーター
まあまあ…
クサい!
ヤバい!!

イノシシを家畜化《かちくか》した動物《どうぶつ》がブタだよ

大人《おとな》の男性《だんせい》もはねとばす！ワイルドできけんな動物《どうぶつ》

イノシシはアジアやヨーロッパに生息《せいそく》する動物《どうぶつ》で、日本《にほん》でも昔《むかし》から食肉用《しょくようにく》として親《した》しまれている。実《じつ》はイノシシを家畜化《かちくか》した動物《どうぶつ》がブタだ。肉質《にくしつ》もブタとよくにていて、ブタ肉《にく》よりも味《あじ》がこく、かみごたえがある。さしずめ「野性味《やせいみ》あふれるブタ肉《にく》」といったところだ。

イノシシ肉《にく》の別名《べつめい》は「ぼたん肉《にく》」だ。赤身《あかみ》がこい赤色《あかいろ》である一方《いっぽう》、あぶら身《み》は真《ま》っ白《しろ》のため、なべ料理《りょうり》を作《つく》るときにイノシシの薄切《うすぎ》り肉《にく》を花《はな》びらのように盛《も》りつけると、まるで花《はな》の「牡丹《ぼたん》」のように見《み》えたから、「ぼたんなべ」とよばれたことが由来《ゆらい》だという。シカと同《おな》じく、解体《かいたい》するときは上手《じょうず》に処理《しょり》しないとくさみが残《のこ》ってしまう。草食動物《そうしょくどうぶつ》であるシカに対《たい》して、イノシシは草《くさ》も肉《にく》も食《た》べる雑食動物《ざっしょくどうぶつ》だ。シカよりもくさみが強《つよ》いため、最近《さいきん》では野生《やせい》のイノシシではなく、食肉用《しょくにくよう》に育《そだ》てられたイノシシがジビエ料理《りょうり》の店《みせ》であつかわれることもふえている。

イノシシも農作物《のうさくぶつ》をあらす害獣《がいじゅう》だ。せいかくはどうもうで人《ひと》をおそうこともある。大《おお》きなイノシシは体重《たいじゅう》70キロ以上《いじょう》あり、大人《おとな》の男性《だんせい》でも簡単《かんたん》にはねとばすパワーを持《も》っているため、とてもきけんだ。

くさいものコラム

肉食禁止《にくしょくきんし》の時代《じだい》に魚《さかな》のフリして食《た》べた

「ぼたん」のほかにも、イノシシには「山鯨《やまくじら》」という別名《べつめい》がある。江戸《えど》時代《じだい》、肉《にく》を食《た》べることが禁止《きんし》された時期《じき》があった。そこで、イノシシ肉《にく》を出《だ》していた店《みせ》は「山鯨《やまくじら》」という名《な》前《まえ》に言《い》いかえて「けもの肉《にく》ではなく魚《さかな》だ」とごまかしたのが由来《ゆらい》といわれている。クジラは魚《さかな》ではなく、ほにゅう類《るい》だが、当時《とうじ》は魚《さかな》の一種《いっしゅ》だと思《おも》われていたため、クジラの名前《なまえ》が利用《りよう》されたのだ。

調理前《ちょうりまえ》もくさいし調理後《ちょうりご》もくさい

タヌキ

にこんでようやく食《た》べられるくささ!

▶たぬき汁《じる》だけど見《み》た目《め》はとんじるみたい!

くさい度メーター
まあまあ…
クサい!
ヤバい!!

タヌキの毛《け》は筆《ふで》に使《つか》われることもあるよ

できることなら食《た》べたくない!? 調《ちょう》理《り》するのもひと苦《く》労《ろう》

タヌキの肉《にく》は「おいしい!」と言《い》う人《ひと》がいるかと思《おも》えば「まずい!」と言《い》う人《ひと》もいて、意《い》見《けん》がまっぷたつに分《わ》かれることが多《おお》い。

「人それぞれ好《この》みがちがう」と言《い》ってしまえばそれまでだが、もしかしたら個《こ》体《たい》によって味《あじ》の差《さ》がはげしい動《どう》物《ぶつ》なのかもしれない。というのも、タヌキは「口《くち》に入《はい》るものは何《なん》でも食《た》べる」と言《い》われるほどの食《く》いしんぼうだからだ。このため、タヌキがくらす場《ば》所《しょ》によって主《しゅ》食《しょく》が大《おお》きく変《か》わり、草《そう》食《しょく》中《ちゅう》心《しん》ならくさみが弱《よわ》く、肉《にく》食《しょく》中《ちゅう》心《しん》ならくさみが強《つよ》い……といったケースが考《かん》えられるのだ。

いずれにしても、タヌキ料《りょう》理《り》が今《いま》の世《よ》の中《なか》に広《ひろ》まっていない以《い》上《じょう》、決《けっ》して万《ばん》人《にん》に受《う》け入《い》れられる味《あじ》ではないのだろう。それこそ、野《や》生《せい》動《どう》物《ぶつ》がきちょうなたんぱく源《げん》だった昔《むかし》の日《に》本《ほん》では、タヌキを食《た》べる機《き》会《かい》も多《おお》かったようで、調《ちょう》理《り》法《ほう》に関《かん》する記《き》録《ろく》も残《のこ》されている。

ただし、その調《ちょう》理《り》法《ほう》は「とにかくていねいにあらい、香《かお》りの強《つよ》い食《しょく》材《ざい》とともににこむ」というものだ。「くさいから食《た》べたくないが、生《い》きるためになんとかして食《た》べよう」という、昔《むかし》の人《ひと》たちの努《ど》力《りょく》が感《かん》じられるのではないだろうか。

くさいもの コラム

ほかの動《どう》物《ぶつ》とまちがえられやすい

日《に》本《ほん》にはタヌキによくにたアナグマという動《どう》物《ぶつ》がいる。タヌキとアナグマは昔《むかし》からまちがえられやすく、実《じつ》は昔《むかし》の人《ひと》はタヌキのつもりでアナグマを食《た》べていた……ということも多《おお》かったようだ。

ちなみに、げんざいはアライグマやハクビシンなど海《かい》外《がい》から新《あら》たにやってきた動《どう》物《ぶつ》がふえ、これらもタヌキにまちがえられやすいため、さらに見《み》分《わ》けにくくなっている。

タヌキ

アナグマ

昔話《むかしばなし》にもよく登場《とうじょう》する身近《みぢか》な動物《どうぶつ》

キツネ

シチューなどの
にこみ料理《りょうり》で食《た》べられる

▶にこんだらキツネ肉《にく》もおいしく食《た》べられるかも？

くさい度メーター
まあまあ…
クサい！
ヤバい!!

鳴《な》き声《ごえ》は「コンコン」じゃないらしいよ

くさったザリガニのにおい!? 身近《みぢか》でも食用《しょくよう》としては不人気《ふにんき》

キツネは草原《そうげん》や森林《しんりん》、さらにはさばくや雪《ゆき》がふり積《つ》もる寒《さむ》い場所《ばしょ》まで、世界中《せかいじゅう》に広《ひろ》く分布《ぶんぷ》している動物《どうぶつ》だ。

昔《むかし》から狩《か》りのたいしょうとしてほかくされてきたが、その目的《もくてき》は毛皮《けがわ》であり、キツネを食《た》べる文化《ぶんか》はほとんど見《み》られない。日本《にほん》では、縄文時《じょうもんじ》代《だい》のいせきからキツネのほねが発見《はっけん》されていて、どうやら古代《こだい》の日本人《にほんじん》はキツネを食《た》べていたようだ。しかし、その後《ご》はまったく食《た》べられなくなってしまったが、その理由《りゆう》はズバリ「くさいから」だ。

タヌキの肉《にく》がどれだけくさいかという話《はなし》は43ページでしょうかいしたが、キツネのくささはタヌキ以上《いじょう》だという。キツネはタヌキよりも肉《にく》を食《た》べることが多《おお》く、その分《ぶん》だけくさみが強《つよ》いのだ。また、キツネはなわばり意識《いしき》が強《つよ》く、マーキングのおしっこもにおいがきつい。キツネ肉《にく》を食《た》べた人《ひと》によれば「アンモニア臭《しゅう》が強《つよ》く、くさったザリガニのようなにおいがする」という。

ちなみに、油《あぶら》あげの入ったうどんを「きつねうどん」とよぶが、これは「キツネの好物《こうぶつ》が油《あぶら》あげ」という言《い》い伝《つた》えに由来《ゆらい》する。このため、とうぜんながらきつねうどんにキツネの肉《にく》が入《はい》っているわけではない。

くさいもの コラム

なぜかつきまとう きらわれ者《もの》のイメージ

身近《みぢか》な動物《どうぶつ》であるキツネは、世界《せかい》各地《かくち》の昔話《むかしばなし》に登場《とうじょう》するが、それらの話《はなし》の中《なか》では「イタズラ好《ず》きで人《ひと》をだます、ずるがしこい動物《どうぶつ》」として語《かた》られることが多《おお》い。

日本《にほん》でも「妖狐《ようこ》」や「九尾《きゅうび》の狐《きつね》」など、おそろしいようかいとして知《し》られている。しかし一方《いっぽう》で、稲荷神《いなりじん》社《じゃ》では「神様《かみさま》のつかい」としてそんけいされるなど、人々《ひとびと》から親《した》しまれる一面《いちめん》も持《も》っている。

肉《にく》よりも毛皮《けがわ》や内臓《ないぞう》が人気《にんき》!?

クマ

なべ料理《りょうり》にすると
おいしいよ！

▲冬《ふゆ》にぴったりの料理《りょうり》のクマなべ

くさい度メーター
まあまあ…
クサい！
ヤバい!!

時期《じき》によって肉《にく》の味《あじ》が変《か》わるんだね

夏《なつ》のクマはくさみが強《つよ》い！ 食《た》べるなら冬眠《とうみん》直前《ちょくぜん》をねらえ

クマは、シカやイノシシとともに、昔《むかし》から狩《か》りのたいしょうとされてきた動物《どうぶつ》だ。ただし、シカやイノシシが食用《しょくよう》を目的《もくてき》とするのに対《たい》し、クマは「毛皮用《けがわよう》」と「薬用《くすりよう》」を目当《めあ》てにかられることが多《おお》かった。

クマの毛皮《けがわ》は冬《ふゆ》の寒《さむ》さをしのぐ上《うわ》着《ぎ》として人気《にんき》で、内臓《ないぞう》のひとつである「たんのう」は薬《くすり》の原料《げんりょう》となる高《こう》級品《きゅうひん》だ。たんのうとは、肝臓《かんぞう》の下《した》にある器官《きかん》で、かんそうさせたたんのうは「熊胆《ゆうたん》」とよばれ、胃腸《いちょう》を整《ととの》える漢方薬《かんぽうやく》として中国《ちゅうごく》や日本《にほん》で古《ふる》くから服用《ふくよう》されてきた。

では、クマ肉《にく》は人気《にんき》がなかったのかというと、そんなことはない。クマは頭《あたま》の先《さき》からつまさきまで、全身《ぜんしん》の肉《にく》が食用《しょくよう》で、主《おも》ににこみ料理《りょうり》やなべ料理《りょうり》として食《た》べられている。特《とく》に、秋《あき》の木《き》の実《み》をたっぷりと食《た》べた冬眠《とうみん》直前《ちょくぜん》のクマは、しぼうがのっていてとてもおいしいという。

一方《いっぽう》、あまりおいしくないとされるのが夏《なつ》のクマだ。やせていてしぼうが少《すく》なく、こん虫《ちゅう》を食《た》べることも多《おお》い。このため、野生特有《やせいとくゆう》のくさみがきわだって食用《しょくよう》には不向《ふむ》きなのだ。また、ほかの野生動物《やせいどうぶつ》と同《おな》じく、血《ち》ぬきなどの処理《しょり》が不十分《ふじゅうぶん》だと、くさみが残《のこ》って味《あじ》が落《お》ちてしまう。

くさいものコラム

クマの手《て》のひらは左右《さゆう》で味《あじ》がちがう!?

古代中国《こだいちゅうごく》では「クマの手《て》のひら」がごちそうとして人気《にんき》で、特《とく》に「左《ひだり》手《て》がおいしい」と言《い》われていた。理《り》由《ゆう》は「クマは左利《ひだりき》きが多《おお》く、好物《こうぶつ》のハチミツを左手《ひだりて》で食《た》べるために味《み》がしみこんでいる」と考《かんが》えられていたからだ。

しかし、これはあくまでも昔《むかし》の人《ひと》が勝手《かって》にそう信《しん》じていただけであり、じっさいには左右《さゆう》の手《て》のひらの味《あじ》にちがいはないそうだ。

オーストラリアの固有動物《こゆうどうぶつ》

カンガルー

ステーキなどにして食《た》べられるよ

▲こんがり焼《や》いたカンガルー肉《にく》！

くさい度メーター
まあまあ…
クサい！
ヤバい!!

肉《にく》は「ルーミート」ともよばれるよ

めずらしくはないが人気《にんき》というわけでもない？

オーストラリアとその周辺《しゅうへん》の島《しま》だけに生息《せいそく》しているカンガルー。日本《にほん》では動物園《どうぶつえん》でお目《め》にかかることができ、両足《りょうあし》でピョンピョンといどうするすがたから、「見《み》ていて楽《たの》しいかわいい動物《どうぶつ》」というイメージが強《つよ》いかもしれない。

しかし、オーストラリアではカンガルーを食《た》べる文化《ぶんか》が古《ふる》くから根付《ねづ》いている。オーストラリアの先住民《せんじゅうみん》であるアボリジニにとって、カンガルーは大切《たいせつ》な食材《しょくざい》のひとつ。主《おも》にむし焼《や》きにして食《た》べることが多《おお》かったという。げんざいもカンガルー肉《にく》は食用《しょくよう》として出回《でまわ》っていて、多《おお》くのスーパーの肉《にく》コーナーで、牛肉《ぎゅうにく》などといっしょに置《お》かれている。また、海外《かいがい》にも輸出《ゆしゅつ》しているので、日本《にほん》からでもネットショップなどを通《つう》じて買《か》うことができる。

ただし、カンガルー肉《にく》は家畜《かちく》として育《そだ》てられたものではなく、すべて野生《やせい》のカンガルーをほかくして生産《せいさん》されている。「赤身肉《あかみにく》はさっぱりしていてクセがない」と言《い》われるが、ジビエ特有《とくゆう》のけものくささも残《のこ》っている。このため、オーストラリアでも国民《こくみん》ひとり当《あ》たりの年間消費量《ねんかんしょうひりょう》はわずか150グラム。決《けっ》して定番《ていばん》の肉《にく》とは言《い》えないのだ。

くさいものコラム

カンガルーの数《かず》は人口《じんこう》のおよそ2倍《ばい》！

オーストラリアの人口《じんこう》が約《やく》2600万人《まんにん》であるのに対《たい》し、カンガルーの頭数《とうすう》は約《やく》5000万頭《まんとう》。なんとオーストラリアでは、人口《じんこう》よりも2倍近《ばいちか》いカンガルーが生息《せいそく》しているのだ。食料《しょくりょう》を求《もと》めて人《ひと》の生活《せいかつ》する場所《ばしょ》へとやってきてしまうカンガルーもふえている。道路《どうろ》にカンガルーが飛《と》び出《だ》してきて、車《くるま》としょうとつ事故《じこ》を起《お》こすケースもめずらしくないため、問題《もんだい》となっている。

見《み》た目《め》できらわれがちだが食用《しょくよう》としては人気《にんき》

ヘビ

中国《ちゅうごく》ではスープなどが人気《にんき》だよ

▶ヘビ肉《にく》がたっぷり入《はい》ったスープ

くさい度メーター
まあまあ…
クサい！
ヤバい!!

よく見《み》ると顔《かお》はかわいいよね

鶏肉《とりにく》に近《ちか》い味《あじ》をしているが生《なま》ぐささや青《あお》くささがある

手足《てあし》がなく、細長《ほそなが》い体《からだ》をニョロニョロとくねらせながらいどうするヘビ。そのグロテスクな見《み》た目《め》から、苦手《にがて》に感《かん》じる人《ひと》も多《おお》いだろう。そんなきらわれ者《もの》のヘビを食《た》べる文化《ぶんか》は、世界中《せかいじゅう》でかくにんされている。なかでも中国《ちゅうごく》は、ほぼ全土《ぜんど》でヘビを食《た》べる「ヘビ食大国《しょくたいこく》」だ。丸焼《まるや》き、からあげ、スープ、にこみ、いため物《もの》……など、ありとあらゆる調理《ちょうり》法《ほう》でヘビ料理《りょうり》を楽《たの》しんでいる。

ヘビは、トカゲやワニなどと同《おな》じは虫類《ちゅうるい》の仲間《なかま》だ。しばしばは虫類《ちゅうるい》の肉《にく》は「鶏肉《とりにく》とにている」と言《い》われることがある。ヘビも例外《れいがい》ではなく、高《こう》たんぱくであっさりとした鶏肉《とりにく》に近《ちか》い味《あじ》をしている。しかし、鶏肉《とりにく》だと思《おも》って食《た》べると、明《あき》らかに別物《べつもの》だとわかる「生《なま》ぐささ」や「青《あお》くささ」を感《かん》じて、だまされた気分《きぶん》になるので要注意《ようちゅうい》だ。

日本《にほん》では「ハブ酒《しゅ》」や「マムシ酒《しゅ》」などヘビを1ぴきまるごとつけこんだお酒《さけ》が作《つく》られているが、こちらもヘビ特有《とくゆう》の生《なま》ぐささが鼻《はな》をつく。ほかにも、ベトナムやフィリピンなどの東南《とうなん》アジアでは、ヘビの生《い》き血《ち》を飲《の》む文化《ぶんか》がある。生《い》き血《ち》は、酒《さけ》にまぜて飲《の》むこともあれば、そのまま飲《の》む場合《ばあい》もあるという。

くさいもの
コラム

ヘビをきらう気持《きも》ちは人間《にんげん》の本能《ほんのう》だった!?

多《おお》くの人《ひと》がヘビを苦手《にがて》に感《かん》じる理《り》由《ゆう》として、きょうみ深《ぶか》い説《せつ》がある。それは「人類《じんるい》の祖先《そせん》であるサルにとって、数少《かずすく》ない天敵《てんてき》がヘビだったから」という説《せつ》だ。「おそろしい」という気持《きも》ちは、生《い》き残《のこ》る上《うえ》でとても大切《たいせつ》な感情《かんじょう》だ。おそろしいからこそ、ヘビのそんざいにびんかんになり、おそわれるよりも先《さき》にヘビからにげることができるのだという。

野生《やせい》の鳥《とり》のような味《あじ》がする!?

ネズミ

皮《かわ》をはいでこんがり焼《や》くことが多《おお》いよ

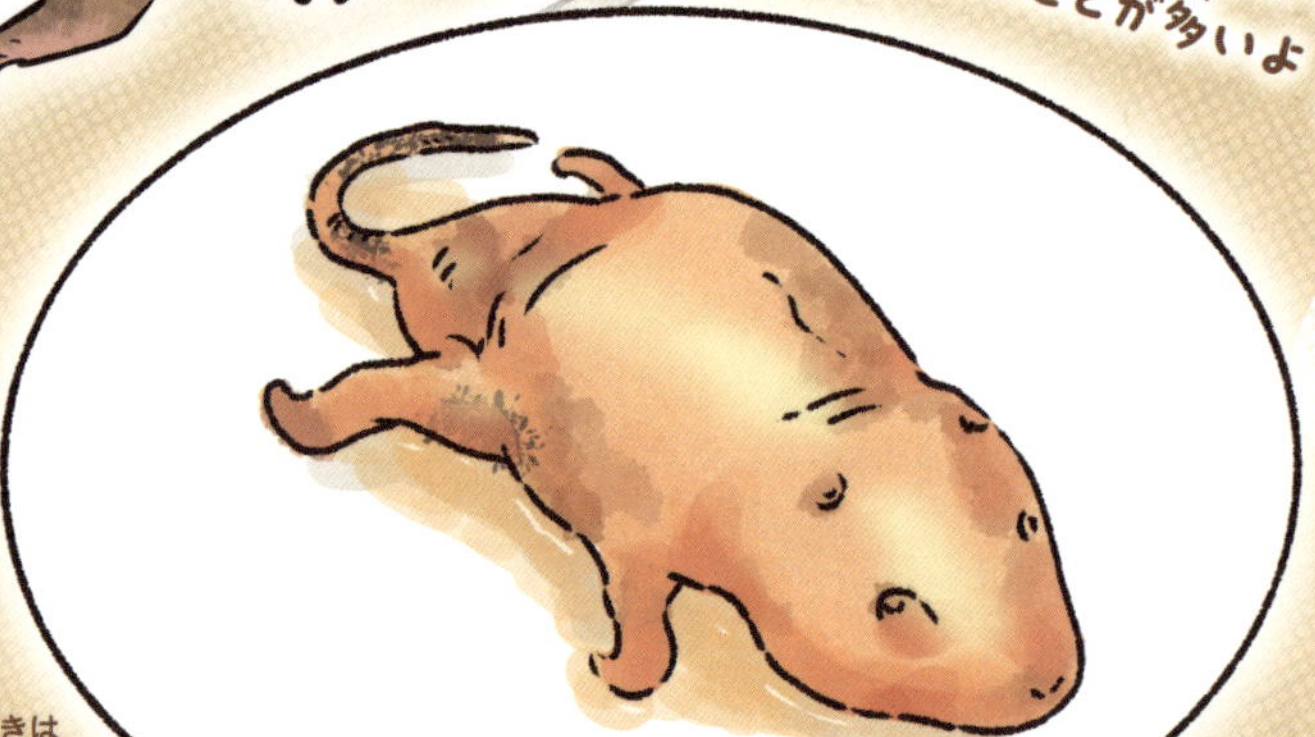

▶ネズミの丸《まる》焼《や》きは意外《いがい》と人気《にんき》？

くさい度メーター
まあまあ…
クサい！
ヤバい!!

丸《まる》焼《や》きが多《おお》いのは小《ちい》さいからかな？

苦手《にがて》な人《ひと》は見《み》るのもキツイ！ 丸焼《まるや》きが多《おお》いネズミ料理《りょうり》

ネズミは、人《ひと》の命《いのち》に関《かか》わるような病気《びょうき》をうつしたり、大切《たいせつ》に育《そだ》てた農作物《のうさくぶつ》を食《く》いあらしたりするため、人々《ひとびと》からきらわれやすい動物《どうぶつ》だ。しかしながら、ネズミ肉《にく》の食文化《しょくぶんか》を持《も》つ国《くに》は少《すく》なくない。

中国南部《ちゅうごくなんぶ》、ミャンマー、タイ、ベトナムのなどでは、日本《にほん》の民家《みんか》などで見《み》かけるイエネズミよりもひとまわり大《おお》きな野生《やせい》のネズミを食《た》べるという。これらの地域《ちいき》に共通《きょうつう》しているのは「米《こめ》づくり」がさかんな農村《のうそん》という点《てん》だ。実《みの》ったいねを食《た》べようと水田《すいでん》にネズミが近《ちか》づいたところを、ぎゃくに人間《にんげん》がつかまえて食《た》べてしまうのだ。皮《かわ》をはいで丸焼《まるや》きにすることが多《おお》く、味《あじ》はウズラのような野《や》生《せい》の鳥《とり》に近《ちか》いという。

また、エクアドルやペルーなどアンデス地方《ちほう》の国《くに》では、昔《むかし》も今《いま》もきちょうなたんぱく源《げん》としてテンジクネズミが食《た》べられている。内臓《ないぞう》をとりのぞいたあと、まるごと油《あぶら》であげる調理法《ちょうりほう》が定番《ていばん》で、筋《すじ》の多《おお》い鶏肉《とりにく》に近《ちか》い味《あじ》わいだという。

なお、日本《にほん》の動物園《どうぶつえん》の人気者《にんきもの》であるカピバラも、南米《なんべい》では食材《しょくざい》になることがある。肉《にく》はかなりかたいそうだが、気《き》になる味《あじ》の方《ほう》は鶏肉《とりにく》よりもブタ肉《にく》に近《ちか》いそうだ。

くさいものコラム

歯《は》がのび続《つづ》ける おどろきの生物《せいぶつ》

ネズミやリス、ビーバーなどは「げっ歯目《しもく》」というグループの仲間《なかま》で、なんと「生《い》きているあいだ、前《まえ》歯《ば》がずっとのび続《つづ》ける」というとくちょうがある。

前歯《まえば》がのびすぎると、かみ合《あ》わせが悪《わる》くなってえさが食《た》べられなくなったり、ひふをつきやぶったりするおそれがある。このため、日《ひ》ごろからかたい物《もの》をかじって歯《は》をけずっているのだ。

日本《にほん》は世界《せかい》でも有数《ゆうすう》のクジラ食国家《しょくこっか》

クジラ

▶のうこうな味《あじ》わいのクジラのさしみ

おさしみからステーキまで
いろんな料理《りょうり》があるよ!

くさい度メーター
まあまあ…
クサい!
ヤバい!!

昔《むかし》は学校《がっこう》の給食《きゅうしょく》でも
出《で》ていたらしいよ

大型《おおがた》のクジラよりも小型《こがた》の方《ほう》がくさみが強《つよ》い

地球最大《ちきゅうさいだい》の動物《どうぶつ》であるクジラ。海《うみ》に生息《せいそく》するほにゅう類《るい》は、海《うみ》の獣《けもの》と書《か》いて「海獣《かいじゅう》」とよばれる。クジラやイルカのほか、セイウチ、アザラシ、オットセイなども海獣《かいじゅう》だ。

クジラは多《おお》くの肉《にく》がとれることから、古《ふる》くから人々《ひとびと》の食生活《しょくせいかつ》をささえるきちょうなたんぱく源《げん》だった。世《せ》界各地《かいかくち》で食《た》べられていて、日本《にほん》でも縄文時代《じょうもんじだい》のいせきからクジラのほねが見《み》つかっている。

海《うみ》にかこまれた日本《にほん》は、世界《せかい》でも有数《ゆうすう》のクジラ食国家《しょくこっか》だ。さしみ、ステーキ、焼肉《やきにく》、みそづけ、ベーコン、つくだになど調理法《ちょうりほう》もはば広《ひろ》い。ちなみに「クジラのたつたあげ」は昭《しょう》和後期《わこうき》まで学校給食《がっこうきゅうしょく》の定番《ていばん》メニューだった。しかし、肉食動物特有《にくしょくどうぶつとくゆう》のくさみがあったため、苦手《にがて》な子《こ》どももいたようだ。

クジラは大型《おおがた》と小型《こがた》に分《わ》けられ、大型《おおがた》の方《ほう》がくさみが少《すく》ない。日本《にほん》では大型《おおがた》のイワシクジラやミンククジラが人気《にんき》で、赤身肉《あかみにく》のさしみも、やや生《なま》ぐさささはあるものの、馬肉《ばにく》に近《ちか》いのうこうな味《あじ》が楽《たの》しめる。ただし、子《こ》どものころからクジラ肉《にく》に親《した》しんでいた高齢者《こうれいしゃ》のなかには、くさみが強《つよ》い小型《こがた》のクジラを好《この》む人《ひと》も多《おお》いようだ。

くさいものコラム

たくさん食《た》べるとゲリを引《ひ》き起《お》こす！

「鯨油《げいゆ》」というクジラからとれる油《あぶら》は、火《ひ》をつけるためのねん料《りょう》や石《せっ》けんの原料《げんりょう》など、さまざまな用途《ようと》に使《つか》われていた。

鯨油《げいゆ》はクジラの皮《かわ》をしぼって集《あつ》めるが、食《く》いしんぼうな日本人《にほんじん》は、このしぼりカスを食《た》べることもあったという。ただし、このしぼりカスは消化《しょうか》されにくく、一度《いちど》にいっぱい食《た》べると、おなかをこわしてゲリを起《お》こしやすくなるそうだ。

クジラ好《ず》きの日本人《にほんじん》はイルカも食《た》べる

イルカ

にこみなどこい味《あじ》つけの料理《りょうり》もおすすめ！

▶こいタレにからめた
イルカのにこみ

くさい度メーター
まあまあ…
クサい！
ヤバい!!

イルカとクジラって同《おな》じだったの!?

クジラよりもくさいため ていねいな下《した》処《しょ》理《り》が必《ひつ》要《よう》

水族館《すいぞくかん》で人気《にんき》のイルカだが、日本《にほん》ではクジラと同《おな》じく古《ふる》くから食用《しょくよう》とされてきた海獣《かいじゅう》だ。実《じつ》は、イルカとクジラは同《おな》じ「クジラ類《るい》」だ。小型《こがた》のクジラのなかでも、さらに小《ちい》さい仲間《なかま》を「イルカ」とよんでいるだけなのだ。

55ページで「クジラは大型《おおがた》よりも小型《こがた》の方《ほう》がくさみが強《つよ》い」という話《はなし》をしたが、小型《こがた》のクジラよりも、さらに小《ちい》さいイルカはもっとくさいという。

血《ち》ぬきされていないイルカ肉《にく》は、けものくささや血生《ちなま》ぐささなどがこびりついていて、食《た》べるためにはていねいな下処理《したしょり》が必要《ひつよう》だ。血《ち》ぬきされているイルカ肉《にく》は、熱《ねつ》を加《くわ》えるとくさみが出《で》るが、ふしぎなことに生《なま》だとくさみが少《すく》ない。このため、しんせんなイルカ肉《にく》はさしみで食《た》べるとおいしいそうだ。

さしみ以外《いがい》では、ひもの、くんせい、ステーキ、からあげ、たつたあげ、みそにこみ、つくだになど、クジラと同《おな》じく調理法《ちょうりほう》が豊富《ほうふ》だ。

イルカ肉《にく》は、げんざいでも静岡県《しずおかけん》や和歌山県《わかやまけん》などで食《た》べられている。地元《じもと》のスーパーでは、パックにつめられたイルカ肉《にく》が置《お》かれていることもめずらしくない。

くさいもの コラム

ストレスがたまると弱《よわ》い者《もの》イジメをする

イルカはとてもかしこい動物《どうぶつ》だ。コミュニケーション能力《のうりょく》が高《たか》く、人《にん》間《げん》の耳《みみ》では聞《き》こえない「超音波《ちょうおんぱ》」とよばれる音《おと》を出《だ》して、仲間《なかま》と会話《かいわ》している。しかし、なかにはせいかくの悪《わる》いイルカもいて、ストレスがたまると小《ちい》さいイルカや弱《よわ》ったイルカをいじめるという。意外《いがい》ときょうぼうな一面《いちめん》があり、ほかの魚《さかな》や人間《にんげん》をおそうこともあるそうだ。

海獣《かいじゅう》のなかではトップクラスのくさみ

セイウチ

発酵《はっこう》したセイウチ肉《にく》「コパルヒン」はすごいにおい！

▶セイウチ肉《にく》を発酵《はっこう》させた「コパルヒン」

生《なま》がわきのぞうきん!? 発酵《はっこう》させるともっとくさい!

海《うみ》に生息《せいそく》する動物《どうぶつ》は、体温《たいおん》をうばわれないようにするため、しぼうが多《おお》くなりやすい。けもののくささは脂《あぶら》身《み》につきやすく、海獣《かいじゅう》のくさみの原《げん》因《いん》となるが、なかでもくさいのがセイウチだ。

セイウチ肉《にく》は、生《なま》がわきのぞうきんに、ツンとしたすっぱさを加《くわ》えたような、なんとも言《い》えないくささがあるそうだ。カナダ北部《ほくぶ》のイヌイットとよばれる人々は海獣《かいじゅう》をよく食《た》べるが、イヌイットたちの間《あいだ》でもセイウチ肉《にく》は人気《にんき》がない。

しかし、ただでさえくさいセイウチ肉《にく》を発酵《はっこう》させた「コパルヒン」という食《た》べ物《もの》がある。アジア大陸北部《たいりくほくぶ》、シベリアの遊牧民《ゆうぼくみん》に伝《つた》わるほぞん食《しょく》で、しぼうがついたままのセイウチ肉《にく》を大《おお》きなブロックに切《き》り分《わ》け、セイウチの皮《かわ》でつつむ。これを土《つち》の中《なか》にうめて発酵《はっこう》させ、食《た》べ物《もの》が少《すく》ない冬場《ふゆば》に食《た》べるのだ。

発酵《はっこう》したセイウチ肉《にく》は、うす気味《きみ》悪《わる》い赤《あか》むらさき色《いろ》をしている。くさったにおいが鼻《はな》につきささり、口《くち》に入《い》れると舌《した》をピリピリとしげきするそうだ。シベリアの遊牧民《ゆうぼくみん》は、雪《ゆき》のなかを犬《いぬ》ぞりで移動《いどう》する。コパルヒンは、人間《にんげん》だけでなく犬《いぬ》にとってもきちょうな食料《しょくりょう》なのだ。

くさいもの コラム

たたかうだけじゃない キバの意外《いがい》な使《つか》い方《かた》

セイウチのとくちょうは、なんといってもその長《なが》いキバだ。上《うわ》あごから2本《ほん》のキバが生《は》えていて、大人のオスのキバは1メートル、メスのキバは80センチに達《たっ》するという。キバはオス同士《どうし》でたたかうときに使《つか》われるほか、氷《こおり》の上《うえ》や岩場《いわば》など、段差《だんさ》を上《のぼ》るときにも役《やく》に立《た》つ。このため、属名《ぞくめい》は古代《こだい》ギリシャ語《ご》で「歯《は》で歩《ある》くもの」を意味《いみ》する「Odobenus」と名付《なづ》けられた。

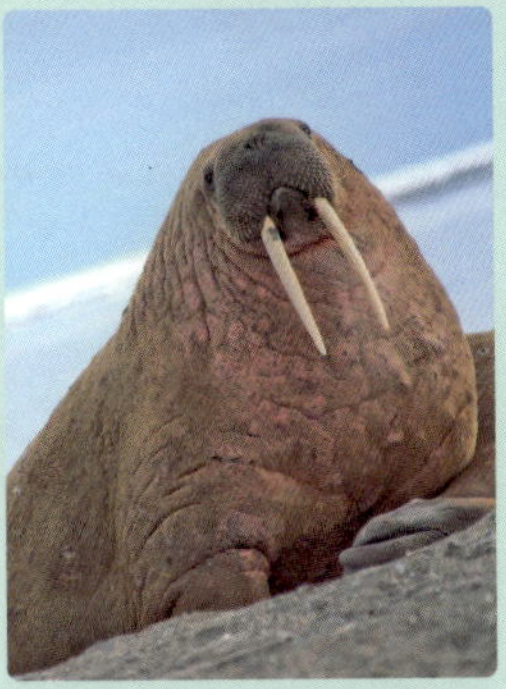

北極圏《ほっきょくけん》の人《ひと》たちは生《なま》で食《た》べる!

アザラシ

アザラシの料理《りょうり》は
キビヤックが有名《ゆうめい》!

▶めずらしい発酵食品《はっこうしょくひん》
「キビヤック」

アザラシの体内《たいない》で海鳥《うみどり》を発酵《はっこう》 きょうふの食《た》べ物《もの》キビヤック

アザラシは北極圏《ほっきょくけん》から熱帯《ねったい》、南極《なんきょく》圏《けん》まで、はば広《ひろ》い海《うみ》に生息《せいそく》している。肉《にく》はくさみが強《つよ》く、はっきり言《い》って食用《しょくよう》にはてきさない。しかし、北極《ほっきょく》圏《けん》でくらす人々《ひとびと》にとってはきちょうな食料《しょくりょう》だ。イヌイットは、アザラシの肉《にく》や内臓《ないぞう》を生《なま》で食《た》べるという。北《ほっ》極圏《きょくけん》では植物《しょくぶつ》が育《そだ》たないため、野菜《やさい》からビタミンをとることができない。代《か》わりに、生肉《なまにく》からビタミンをとるのだ。

また、イヌイットたちはアザラシの体《からだ》を利用《りよう》して、とてもめずらしい発酵食品《はっこうしょくひん》「キビヤック」を作《つく》ることでも知《し》られている。アザラシのおなかを大《おお》きく切《き》り開《ひら》き、肉《にく》や内臓《ないぞう》をすべて取《と》り出《だ》したあと、アザラシの体《たい》内《ない》にアパリアスという海鳥《うみどり》をつめこめるだけつめこむ。そしてアザラシのおなかをぬい合《あ》わせたら、地面《じめん》にうめて発酵《はっこう》させる。こうして完成《かんせい》するのがキビヤックだが、その食《た》べ方《かた》がとんでもない。なんとアパリアスのこうもんに直接《ちょくせつ》口《くち》をつけ、ドロドロにくさった内臓《ないぞう》をすするのだ。まるでホラー映画《えいが》のような光景《こうけい》だが、これもきちょうなビタミン源《げん》だ。アザラシのくさい度《ど》メーターは「クサい！」レベルだが、キビヤックは文《もん》句《く》ナシの「ヤバい‼」だ。

くさいものコラム

バタバタ、ゴロゴロ 陸上《りくじょう》のいどうは苦手《にがて》

アザラシは泳《およ》ぎの名人《めいじん》で、海《うみ》の中《なか》を時速《じそく》20キロで泳《およ》ぐことができるほか、1回《かい》のこきゅうで30分《ぷん》近《ちか》くもぐったままでいられる。

しかし、陸《りく》に上《あ》がると大《おお》はばにスピードダウン。前《まえ》に進《すす》むときは短《みじか》い前足《まえあし》で地面《じめん》をおし、全身《ぜんしん》をバタバタさせながらいどうする。横《よこ》にゴロゴロと転《ころ》がっていどうするすがたもよく見《み》られ、ゆるやかな下《くだ》り坂《ざか》は転《ころ》がることの方《ほう》が多《おお》いという。

スタミナアップの漢《かん》方《ぽう》薬《やく》になる

オットセイ

大和《やまと》煮《に》などこい味《あじ》つけの料理《りょうり》が多《おお》いよ

▶くさみを消《け》すためににこみ料《りょう》理《り》が向《む》いている

くさい度メーター
まあまあ…
クサい！
ヤバい!!

アザラシよりもシュッとした見《み》た目《め》だね

漢方薬《かんぽうやく》の原料《げんりょう》として徳川家康《とくがわいえやす》も愛用《あいよう》していた

セイウチやアザラシのように4本《ほん》の足《あし》がヒレのようになっている動物《どうぶつ》を「ききゃく類《るい》」とよび、オットセイもその仲間《なかま》だ。見《み》た目《め》はアザラシににているが、オットセイのほうが前足《まえあし》が発達《はったつ》していて、水中《すいちゅう》では鳥《とり》のつばさのように前足《まえあし》を羽《は》ばたかせて泳《およ》ぐのがとくちょうだ。

セイウチやアザラシと同《おな》じく肉《にく》はくさい。しかし、オットセイの肉《にく》はアミノ酸《さん》が豊富《ほうふ》で、古《ふる》くから元気《げんき》になる漢方薬《かんぽうやく》として使《つか》われてきた。江《え》戸《ど》幕府《ばくふ》を開《ひら》いた徳川家康《とくがわいえやす》も、オットセイから作《つく》られた漢方薬《かんぽうやく》を飲《の》んでいたと伝《つた》えられている。

セイウチはセイウチ科《か》、アザラシはアザラシ科《か》であるのに対《たい》し、オットセイはアシカ科《か》だ。アシカ科《か》にはアシカ、オットセイ、トド、オタリアなどがふくまれ、北海道《ほっかいどう》ではトド肉《にく》のかんづめが作《つく》られている。

トド肉《にく》を食《た》べた日本人《にほんじん》は、その味《あじ》を「クジラににている」と表現《ひょうげん》することが多《おお》い。おそらくクジラ以外《いがい》の海獣《かいじゅう》を食《た》べる機会《きかい》が少《すく》ないからだと思《おも》うが、くさみの強《つよ》さはクジラよりもセイウチやアザラシに近《ちか》い。そのしょうこに、トド肉《にく》はカレーや大和《やまと》煮《に》など、味《あじ》のこい調理法《ちょうりほう》で作《つく》られることが多《おお》いのだ。

くさいものコラム

毛皮《けがわ》がねらわれてたくさんころされた

オットセイは英語《えいご》で「ファーシール」とよばれる。シールは「アザラシ」、ファーは「やわらかい毛皮《けがわ》」という意味《いみ》がある。

その名《な》の通《とお》り、アザラシよりも毛《け》がやわらかく、上品《じょうひん》なオットセイの毛皮《けがわ》は高級品《こうきゅうひん》とされていた。このため、かつては毛皮《けがわ》を求《もと》めてたくさんのオットセイがころされてしまい、生息数《せいそくすう》が大《おお》はばにへってぜつめつのききをむかえた時期《じき》もあった。

農作物《のうさくぶつ》や生《なま》ゴミをあさるめいわくな害鳥《がいちょう》

カラス

つくねみたいにして焼《や》いて食《た》べられるよ

◀カラス肉《にく》の代表的《だいひょうてき》な料理《りょうり》「ろうそく焼《や》き」

くさい度メーター
まあまあ…
クサい！
ヤバい!!

インコのように人《ひと》の言葉《ことば》をおぼえるよ

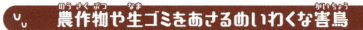

都市部《としぶ》のカラスはくさく野山《のやま》のカラスは食《た》べやすい

全身真《ぜんしんま》っ黒《くろ》なすがたがとくちょう的《てき》なカラス。都市部《としぶ》ではゴミすて場《ば》を散《ち》らかし、農村部《のうそんぶ》では農作物《のうさくぶつ》を食《た》べてしまうめいわくなそんざいだ。

カラスは雑食《ざっしょく》で、基本的《きほんてき》に何《なん》でも食《た》べる。野菜《やさい》や果物《くだもの》、昆虫《こんちゅう》や小動物《しょうどうぶつ》のほか、生《なま》ゴミや生《い》き物《もの》の死《し》がいまで食《た》べるのだ。ほかの雑食動物《ざっしょくどうぶつ》と同《おな》じく、どのようなものを食《た》べているかによって、肉《にく》の味《あじ》やくさみは大《おお》きく変《か》わるようだ。

「ハズレ」のカラス肉《にく》に当《あ》たってしまうと、とんでもなくくさい。くさみを消《け》すために大量《たいりょう》のニンニクをまぜても、それを上回《うわまわ》るくさみが口《くち》の中《なか》に広《ひろ》がり、飲《の》みこむこともできないほどだという。

一方《いっぽう》、人間《にんげん》の生活《せいかつ》エリアからはなれた、野山《のやま》などに生息《せいそく》するカラスは、くせが少《すく》なく食《た》べやすいと言《い》われている。カラス肉《にく》は赤身《あかみ》が強《つよ》く、鶏《とり》のムネ肉《にく》に近《ちか》い食感《しょっかん》をしている。

長野県上田市《ながのけんうえだし》の一部《いちぶ》では、昭和中《しょうわちゅう》期《き》までカラスを食《た》べる文化《ぶんか》があったという。ミンチにしたカラス肉《にく》に、ショウガやサンショウなどをまぜてくさみを消《け》し、長細《ほそなが》いつくねくしにして焼《や》きあげる。この形《かたち》がろうそくに似《に》ていることから「ろうそく焼《や》き」とよばれていた。

くさいものコラム

悪《わる》いイメージがつきまといやすい

カラスはとても頭《あたま》の良《よ》い鳥《とり》で、小《こ》えだなどをくわえて道具《どうぐ》として使《つか》うすがたや、クチバシと足《あし》で公園《こうえん》の水《すい》道《どう》の蛇口《じゃぐち》をひねって水《みず》を飲《の》むすがたなどが目撃《もくげき》されている。

しかし、その真《ま》っ黒《くろ》な見《み》た目《め》から「ずるがしこい」というイメージを持《も》たれやすい。しばしば物語《ものがたり》では「魔女《まじょ》の使《つか》い」や「悪魔《あくま》が変身《へんしん》したすがた」のように、悪役《あくやく》として登場《とうじょう》することが多《おお》い。

高《こう》たんぱくのヘルシー食材《しょくざい》 世界各地《せかいかくち》に見《み》られるこん虫食《ちゅうしょく》

食《しょく》に対《たい》する人《ひと》の欲求《よっきゅう》は無限大《むげんだい》だ。しばしば人《ひと》は虫《むし》まで食《た》べてしまう。世界各地《せかいかくち》にそんざいするこん虫食文化《ちゅうしょくぶんか》をしょうかいしよう。

日本人《にほんじん》も昔からこん虫《ちゅう》を食《た》べてきた

夏《なつ》に元気《げんき》な声《こえ》で鳴《な》いている「セミ」は、中国《ちゅうごく》や東南《とうなん》アジアの一部地域《いちぶちいき》で食《た》べられている。いためたり、油《あぶら》であげたりするほか、すりつぶして「セミみそ」にすることもある。

アフリカやオーストラリアでは、チョウやガのよう虫《ちゅう》であるイモムシを食《た》べる文化《ぶんか》がある。焼《や》いたり油《あぶら》であげることが多《おお》いが、そのまま生《なま》で食《た》べるケースもあるという。

実《じつ》は日本《にほん》もこん虫食《ちゅうしょく》が多《おお》い国《くに》だ。バッタの仲間《なかま》であるイナゴをあまからくにた「イナゴのつくだに」は、長野県《ながのけん》や群馬県《ぐんまけん》などの山間部《さんかんぶ》で食用《しょくよう》にされる。また、クロスズメバチの幼虫《ようちゅう》は「はちのこ」とよばれ、同《おな》じく山間部《さんかんぶ》を中心《ちゅうしん》とした全国各地《ぜんこくかくち》で食《た》べられていた。

こん虫《ちゅう》はたんぱくしつが豊富《ほうふ》で、肉《にく》や魚《さかな》が満足《まんぞく》にとれない地域《ちいき》ではきちょうな栄養《えいよう》とされてきた。その一方《いっぽう》で、こん虫食《ちゅうしょく》は「まずしい国《くに》や時代遅《じだいおく》れの食文化《しょくぶんか》」と見《み》なされることも多《おお》い。しかし、近年《きんねん》は人口《じんこう》ぞう加《か》にともなう食料不足《しょくりょうぶそく》のきけんせいが指摘《してき》されていて、先進国《せんしんこく》でもこん虫食《ちゅうしょく》を見直《みなお》す動《うご》きがふえている。

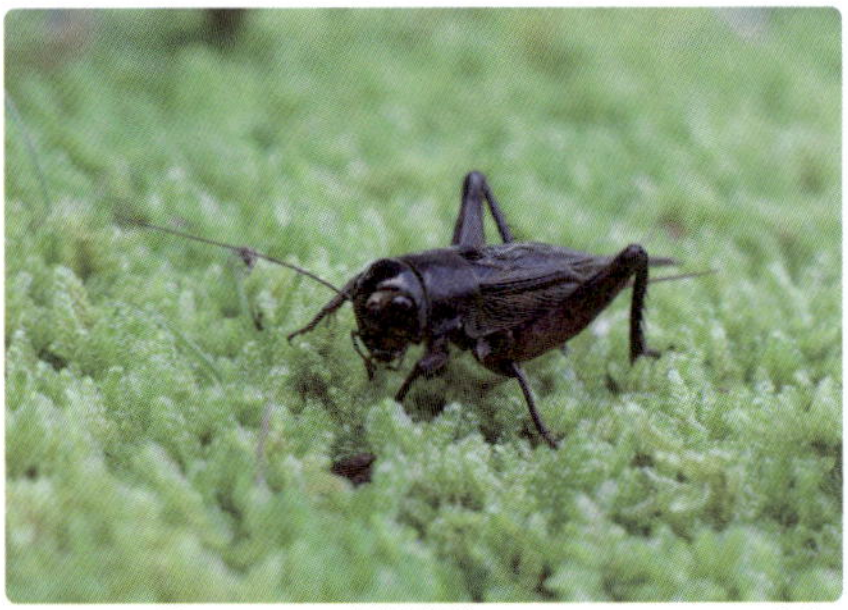

コオロギは高《こう》たんぱくで大量生産《たいりょうせいさん》しやすいことから、次世代《じせだい》の食材《しょくざい》として注目《ちゅうもく》されているこん虫《ちゅう》だ。近年《きんねん》は日本《にほん》でもコオロギパウダーをまぜた食品《しょくひん》がふえつつある。

第《だい》3章《しょう》

野《や》菜《さい》・果《くだ》物《もの》

銀杏《ぎんなん》

茶《ちゃ》わんむしの具《ぐ》にかかせない

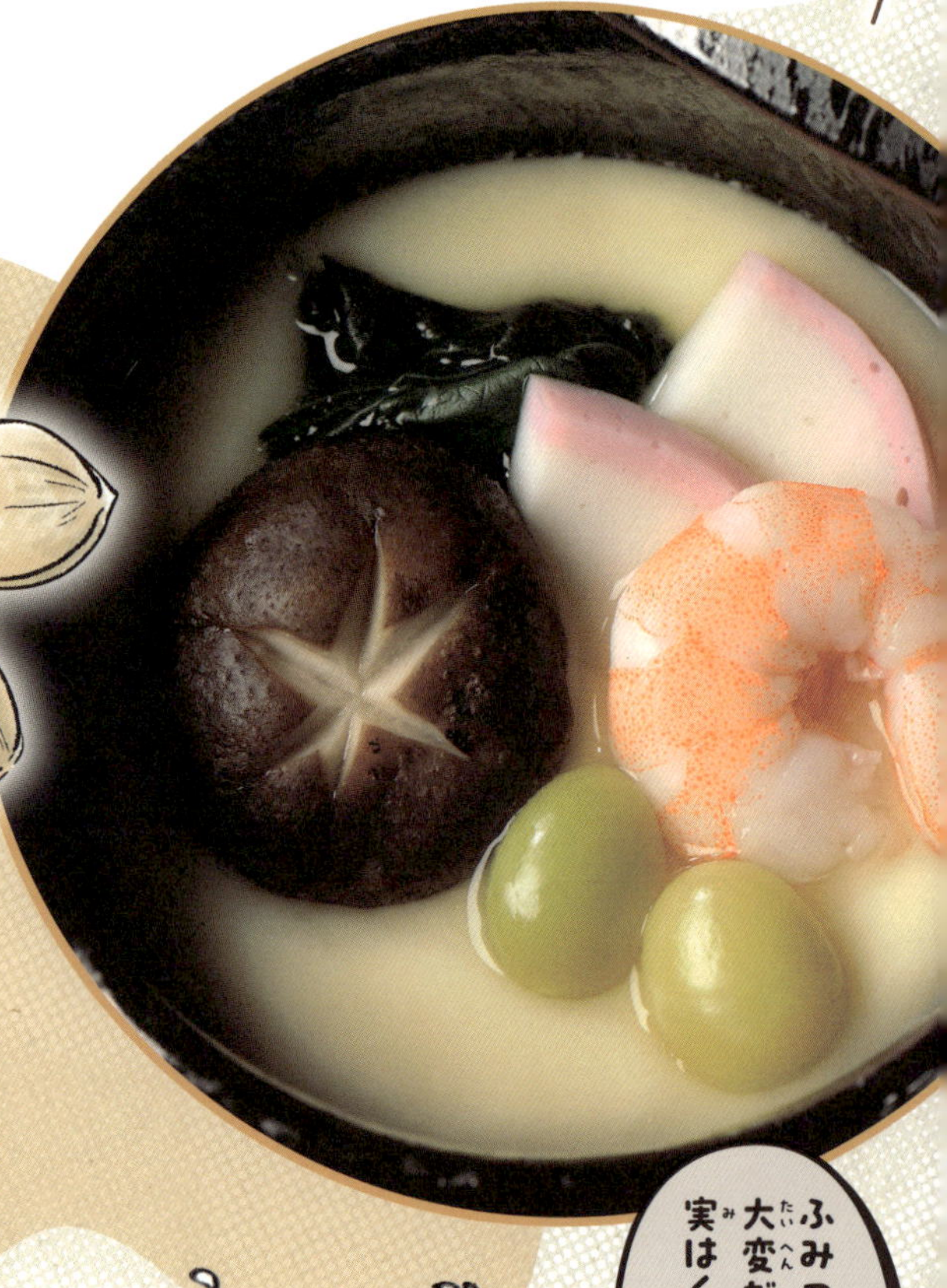

くさい度メーター
まあまあ…
クサい!
ヤバい!!

ふみつぶすと大変《たいへん》だけど実《み》はくさくないよ!

くさいのは外《そと》の皮《かわ》だけ 可食部《かしょくぶ》は問題《もんだい》ナシ！

銀杏《ぎんなん》はイチョウの種子《しゅし》だ。イチョウの木《き》は火《ひ》に強《つよ》く、害虫《がいちゅう》が少《すく》ないため、街路樹《がいろじゅ》として使《つか》われることが多《おお》い。秋《あき》になると、葉《は》があざやかな黄《き》色《いろ》にそまり、わたしたちの目《め》を楽《たの》しませてくれる。

しかし、秋《あき》のイチョウで気《き》になるのが、トイレでかいだことがある「あのにおい」だ。ごまかさずにはっきり言《い》ってしまえば、うんちのようなにおいが周囲《しゅうい》にただよっていることがある。実《じつ》は、このにおいの正体《しょうたい》こそが銀杏《ぎんなん》なのだ。

銀杏《ぎんなん》の皮《かわ》には「酪酸《らくさん》」と「エナント酸《さん》」という成分《せいぶん》がふくまれている。酪酸《らくさん》はむれた足《あし》のにおいがして、エナント酸《さん》は排泄物《はいせつぶつ》のようなにおいがする。ただし、銀杏《ぎんなん》の可食部《かしょくぶ》はこの皮《かわ》の内部《ないぶ》にある「仁《じん》」とよばれる部《ぶ》位《い》だ。くさい度《ど》メーターの「ヤバい‼」は皮付《かわつ》きのにおいで、食《た》べるときはほとんど気《き》にならない。くし焼《や》きやすあげにして食《た》べるほか、茶《ちゃ》わんむしの具《ぐ》としてもおなじみだ。

ちなみに、イチョウの木《き》には雄株《おかぶ》と雌株《めかぶ》の2種類《しゅるい》があり、種子《しゅし》ができるのは雌株《めかぶ》の木《き》だけだ。このため、近年《きんねん》は雄株《おかぶ》の木《き》だけを植《う》えているイチョウ並木《なみき》もふえていて、銀杏《ぎんなん》のにおいをかぐ機会《きかい》はへっている。

くさいもの コラム

食《た》べすぎはきけん 銀杏中毒《ぎんなんちゅうどく》って何《なに》？

銀杏《ぎんなん》には、わずかながら体《からだ》によくない有毒成分《ゆうどくせいぶん》がふくまれている。一《いち》度《ど》に多《おお》くの銀杏《ぎんなん》を食《た》べすぎると銀杏《ぎんなん》中毒《ちゅうどく》となり、おうと、ゲリ、こきゅうこんなん、けいれんなどを引《ひ》き起《お》こし、最悪《さいあく》の場合《ばあい》は死《し》ぬこともあるという。

人《ひと》によって中毒《ちゅうどく》になる量《りょう》はばらばらで、10つぶで体調《たいちょう》がわるくなる人《ひと》もいれば、100つぶ食《た》べてもだいじょうぶな人《ひと》もいるそうだ。

のうこうな味《あじ》わいの「フルーツの王様《おうさま》」

ドリアン

ココナッツミルクと相性《あいしょう》がいいよ!

おいしさはまさしく王様《おうさま》！でもにおいは悪魔《あくま》みたい!?

ドリアンは東南《とうなん》アジアのマレー半《はん》島《とう》を原産《げんさん》とする果物《くだもの》で、しばしば「フルーツの王様《おうさま》」とよばれる。

なぜ王様《おうさま》なのかというと、理由《りゆう》は味《あじ》にかくされている。「のうこうなカスタードクリームとバナナを合《あ》わせたような味《あじ》」などと表現《ひょうげん》され、食《しょっ》感《かん》もかまなくていいほどやわらかく、とろけるような舌《した》ざわりだ。品種《ひんしゅ》や大《おお》きさによってはひとつ1万円《まんえん》もするという高級品《こうきゅうひん》なのだ。

しかし、ドリアンを味《あじ》わうためには、強烈《きょうれつ》なにおいにたえる覚悟《かくご》が必《ひつ》要《よう》だ。果実《かじつ》にふくまれるエステル類《るい》や揮《き》発《はつ》性《せい》硫《い》黄《おう》化《か》合《ごう》物《ぶつ》という成分《せいぶん》がにおいのもとで、「くさったタマネギのようなにおい」とたとえられることが多《おお》い。あまりのくささに、ドリアンの産地《さんち》では、一部《いちぶ》のホテルや飛《ひ》行機《こうき》への持《も》ちこみが禁止《きんし》されているほどだ。

また、ドリアンの外皮《がいひ》は太《ふと》くてかたいトゲにおおわれていて、素手《すで》で持《も》つとかなりいたい。果実《かじつ》は平均《へいきん》2～3キロと重《おも》いため、うっかりつまさきにでも落《お》としたら、大《おお》けがしてもおかしくない。

強烈《きょうれつ》なにおいとその見《み》た目《め》からか、ドリアンには「悪魔《あくま》のフルーツ」というという別《べつ》のよび名《な》もある。

くさいものコラム

食《た》べ合《あ》わせが悪《わる》い ドリアンとアルコール

タイやマレーシアでは「ドリアンといっしょにビールを飲《の》むと死《し》ぬ」というおそろしいうわさがある。もちろん、本当《ほんとう》に死《し》ぬことはないが、ドリアンとアルコールの相性《あいしょう》が悪《わる》いのは事実《じじつ》だ。

ドリアンにふくまれる成分《せいぶん》がアルコールの分解《ぶんかい》をおさえてしまうため、いっしょに食《た》べたり飲《の》んだりすると、翌日《よくじつ》まで体内《たいない》にお酒《さけ》が残《のこ》る「二日《ふつか》よい」になりやすいそうだ。

あまさひかえめの南国《なんごく》のフルーツ

パパイヤ

青《あお》パパイヤはサラダにして食《た》べるよ！

熟《じゅく》せば熟《じゅく》すほどくさくなる レモン汁《じる》をかけて食《た》べよう

パパイヤは、熱帯《ねったい》や亜熱帯《あねったい》で作《つく》られる南国《なんごく》の果物《くだもの》だ。

果実《かじつ》は500グラムから1キロていどで、熟《じゅく》した果実《かじつ》は黄色《きいろ》やオレンジ色《いろ》になるものが多《おお》いが、なかにはピンク色《いろ》や赤色《あかいろ》の品種《ひんしゅ》もある。ねっとりとした舌《した》ざわりだが、のうこうな食感《しょっかん》とはうらはらにあまさはひかえめ。あまさをしめす「糖度《とうど》」は数字《すうじ》が高《たか》いほどあまく、リンゴ12〜17度《ど》、バナナ20度《ど》であるのに対《たい》し、パパイヤは14度《ど》くらいだ。

パパイヤにはリナロールという成《せい》分《ぶん》がふくまれ、熟《じゅく》していくほど何《なに》かがくさったようなにおいが強《つよ》くなる。

しかし、パパイヤのくささはドリアンにくらべればかわいいもので、レモンなどの酸味《さんみ》をくわえると、パパイヤのくさみが消《き》えるという。

なお、熟《じゅく》す前《まえ》の果実《かじつ》は「青《あお》パパイヤ」や「野菜《やさい》パパイヤ」とよばれ、野菜《やさい》として食《た》べる文化《ぶんか》がある。生《なま》の青《あお》パパイヤはシャキシャキした食感《しょっかん》で、タイではサラダとして食《た》べられることが多《おお》い。ほかにも、つけ物《もの》、てんぷら、いため物《もの》などの調理法《ちょうりほう》があるが、青《あお》パパイヤには肉《にく》をやわらかくする酵素《こうそ》が豊富《ほうふ》にふくまれているので、肉料理《にくりょうり》に合《あ》わせるのもおすすめだ。

くさいものコラム

パパイヤとパパイア どちらが正《ただ》しい？

パパイヤは英語《えいご》で「Papaya」と書《か》き、日本《にほん》では「パパイヤ」のほかに「パパイア」ともよばれることがある。基本的《きほんてき》にどちらでよんでもまちがいではないが、正式《せいしき》なよび方《かた》を定《さだ》めている団体《だんたい》もある。

農業界《のうぎょうかい》では「パパイヤ」を正式《せいしき》なよび方《かた》にしていて、果物《くだもの》や野菜《やさい》、植《しょく》物《ぶつ》などのさいばい方法《ほうほう》をけんきゅうする園芸学会《えんげいがっかい》では「パパイア」が正《せい》式《しき》なよび方《かた》だ。

果物《くだもの》だけどデザートには不向《ふむ》き？

アボカド

サラダなどに使《つか》われることが多《おお》いよ！

くさい度メーター
まあまあ…
クサい！
ヤバい!!

栄養豊富《えいようほうふ》でギネスにも認《みと》められたよ

栄《えい》養《よう》価《か》の高《たか》い「森《もり》のバター」 青《あお》くささがちょっと残《ざん》念《ねん》

アボカドはアメリカ大陸《たいりく》の熱帯《ねったい》の国々《くにぐに》が原産《げんさん》の果物《くだもの》だ。16世紀《せいき》にアメリカへと伝《つた》わったあと、世界《せかい》へと広《ひろ》がっていった。日本《にほん》には100年前《ねんまえ》の大正時代《たいしょうじだい》に持《も》ちこまれたものの、残念《ざんねん》ながら広《ひろ》まらず、昭和後期《しょうわこうき》になってようやくふきゅうしたという。アボカドは1000種《しゅ》以上《いじょう》の品種《ひんしゅ》があるが、日本《にほん》に出回《でまわ》っている品種《ひんしゅ》のほとんどは表面《ひょうめん》がザラザラした「ハス種《しゅ》」である。

アボカドは木《き》に実《みの》るれっきとした果物《くだもの》だが、あまさは感《かん》じられない。果肉《かにく》の約《やく》20%がしぼう分《ぶん》で、「森《もり》のバター」とよばれるほどだ。しぼうの多《おお》くはオレイン酸《さん》やリノール酸《さん》など、体《からだ》にいいとされるもので、ギネスブックにも「世界一栄養価《せかいいちえいようか》の高《たか》い果実《かじつ》」として登録《とうろく》されている。しかし、青《あお》くささや生《なま》ぐささがあるため、苦手《にがて》とする人《ひと》もいるようだ。

アボカドは料理《りょうり》の具材《ぐざい》に用《もち》いられることが多《おお》い。メキシコでは果肉《かにく》をつぶし、タマネギやトマトなどをまぜてソースにするのが定番《ていばん》で、アメリカではまきずしのネタに使《つか》ったカリフォルニアロールが有名《ゆうめい》だ。日本《にほん》ではサラダに入《い》れるほか、さしみのようにスライスして、わさびじょうゆで食《た》べることもある。

くさいもの コラム

日本《にほん》ではワニナシとよばれていた時期《じき》も

アボカドは英名《えいめい》のひとつで、ほかにも英語圏《えいごけん》では「アリゲーター・ペア」というよび方《かた》がある。

アリゲーターは動物《どうぶつ》の「ワニ」のことで、ペアは果物《くだもの》の「ナシ」のことだ。ザラザラした外皮《がいひ》がワニににていたことに由来《ゆらい》するそうだ。もともと日本《にほん》ではアリゲーター・ペアを直訳《ちょくやく》した「ワニナシ」とよばれていたが、いつしか「アボカド」とよぶのが一般的《いっぱんてき》になった。

息《いき》や体《からだ》もくさくなる強烈《きょうれつ》なにおい成分《せいぶん》

ニンニク

ギョウザなど
いろいろな料理《りょうり》に
欠《か》かせない!

くさい度メーター
まあまあ…
クサい!
ヤバい!!

ニンニク料理《りょうり》はくさいけどクセになる!

ニンニクを食《た》べすぎると体《からだ》がニンニクくさくなる

ニンニクは古《ふる》くから世界各地《せかいかくち》でさいばいされている植物《しょくぶつ》だ。ニンニクの球根《きゅうこん》には強《つよ》い風味《ふうみ》があり、香辛料《こうしんりょう》・調味料《ちょうみりょう》などに用《もち》いられることが多《おお》い。この球根《きゅうこん》の部分《ぶぶん》こそ、いわゆる食用《しょくよう》としてよく知《し》られている香味野菜《こうみやさい》の「ニンニク」だ。

ニンニクはあらゆる料理《りょうり》の風味《ふうみ》を高《たか》めてくれる食材《しょくざい》だ。世界中《せかいじゅう》の料理《りょうり》で用《もち》いられ、もちろん日本《にほん》も例外《れいがい》ではない。肉《にく》のくさみを消《け》す働《はたら》きがあるため、肉《にく》との相性《あいしょう》が良《よ》く、ぎょうざのタネや焼肉《やきにく》のタレのほか、魚介類《ぎょかいるい》の料理《りょうり》にも使《つか》われる。英語《えいご》では「ガーリック」とよばれ、日本《にほん》でもガーリックトーストやガーリックオイルなど、なじみ深《ぶか》いよび名《な》となっている。ニンニク料理《りょうり》が大好《だいす》きだという人《ひと》は多《おお》いが、こまるのは大量《たいりょう》に食《た》べると体《からだ》がニンニクくさくなってしまうところだ。においの原因《げんいん》はアリシンという成分《せいぶん》で、口《くち》や胃《い》のなかに残《のこ》ると息《いき》がくさくなる。また、体内《たいない》にきゅうしゅうされたアリシンは、あせといっしょに出《で》てくることがあり、そうなると体全体《からだぜんたい》がニンニクくさくなる。

くさくなるとわかっていながら、おいしいからつい食《た》べてしまう。実《じつ》になやましい食材《しょくざい》なのだ。

くさいもの
コラム

しげきが強《つよ》すぎて胃《い》や腸《ちょう》をきずつける

ニンニクの食《た》べすぎは、口臭《こうしゅう》や体臭《たいしゅう》だけでなく、健康《けんこう》にもえいきょうが出《で》るおそれがある。

アリシンは菌《きん》をころす働《はたら》きがあり、食《た》べすぎると腸内《ちょうない》にいる悪《わる》い菌《きん》だけでなく、人間《にんげん》にとって欠《か》かせない良《よ》い菌《きん》もころしてしまうので、べんぴやゲリの原因《げんいん》となる。また、アリシンはしげきが強《つよ》いため、胃《い》のねんまくがきずつき、おなかがいたくなることもある。

ニンニクのような強《つよ》い香味《こうみ》がとくちょう

ギョウジャニンニク

いため料理《りょうり》にすると
おいしい!

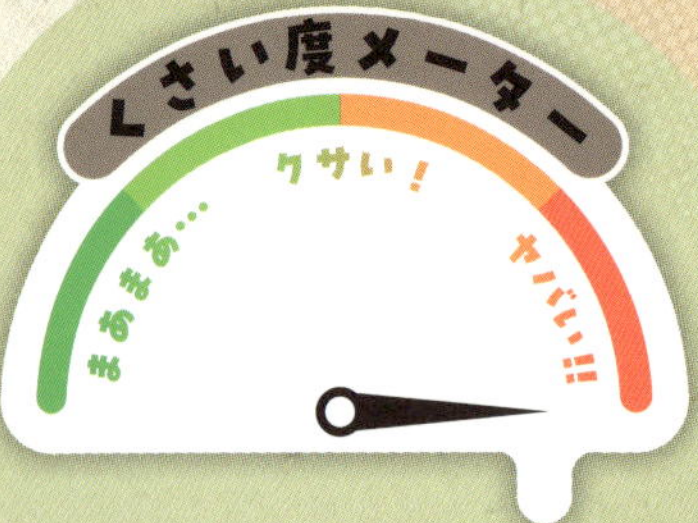

若《わか》い芽《め》は
山菜《さんさい》としても
人気《にんき》だよ

食《た》べて修行《しゅぎょう》？ 食《た》べずに修行《しゅぎょう》？ 名前《なまえ》にまつわるまぎゃくの由来《ゆらい》

ギョウジャニンニクは、名前《なまえ》にニンニクとついているが、ニンニクとは別種《べっしゅ》の香味野菜《こうみやさい》だ。

ギョウジャは漢字《かんじ》で「行者《ぎょうじゃ》」と書《か》き、山《やま》できびしい修行《しゅぎょう》をする人《ひと》のことだ。ギョウジャニンニクは高山《こうざん》に生《は》えていて、ニンニクと同《おな》じくアリシンを多《おお》くふくんでいる。「きびしい修行《しゅぎょう》にたえるため、行者《ぎょうじゃ》がこの植物《しょくぶつ》を食《た》べた」という説《せつ》が由来《ゆらい》のひとつで、「元気《げんき》になりすぎて修行《しゅぎょう》にならないから、食《た》べることを禁止《きんし》された」という説《せつ》もある。ふたつの説《せつ》は正反《せいはん》対《たい》だが、力《ちから》のみなもとになるという点《てん》は共通《きょうつう》している。

ギョウジャニンニクは葉《は》やくきが食用《しょくよう》となる。アリシンが豊富《ほうふ》なしょうこに、葉《は》を少《すこ》しもむだけでニンニク臭《しゅう》がただよってくる。調理法《ちょうりほう》は、おひたし、あさづけ、いため物《もの》などが代表的《だいひょうてき》で、ほかにもしょうゆとの相性《あいしょう》がいいので、しょうゆづけもおすすめだ。

ちなみに、ニンニクやギョウジャニンニクにふくまれているのは、正《ただ》しくはアリシンではなく「アリイン」という成分《せいぶん》だ。アリインをふくむ食材《しょくざい》をきざんだり、すりおろしたりすると、酵素《こうそ》がはたらいてアリインがアリシンへと変化《へんか》するのだ。

くさいものコラム

しゅうかくするまでに5年以上《ねんいじょう》もかかる

ギョウジャニンニクは成長《せいちょう》がとてもおそい。種《たね》をまいてからしゅうかくできるようになるまで5年以上《ねんいじょう》もかかるという。しかも、若《わか》い芽《め》は山菜《さんさい》として人気《にんき》なので、天然《てんねん》ものは香味野菜《こうみやさい》として育《そだ》つ前《まえ》につまれてしまうことが多《おお》い。

このため、近年《きんねん》では野生《やせい》のギョウジャニンニクが急激《きゅうげき》にへっていて、各地《かくち》に出荷《しゅっか》されるのは、さいばいされたものがほとんどだ。

アリシンを豊富《ほうふ》にふくむスタミナ野菜《やさい》

ニラ

人気《にんき》の料理《りょうり》は
ニラレバいため!

くさい度メーター
まあまあ…
クサい!
ヤバい!!

春《はる》のニラがやわらかくて一番《いちばん》おいしい

肉料理《にくりょうり》にピッタリだけど食《た》べたあとはやっぱりにおう

ニラは中国原産《ちゅうごくげんさん》の野菜《やさい》だ。日本《にほん》でも古《ふる》くから食《た》べられていて、『古事記《こじき》』や『万葉集《まんようしゅう》』などの古《ふる》い書物《しょもつ》にも記録《きろく》が残《のこ》されている。

ニンニクと同《おな》じく、アリシンを多《おお》くふくんでいる。アリシンが体内《たいない》で分解《ぶんかい》されると、メチルメルカプタンやアリルメルカプタンなどの成分《せいぶん》に変《か》わり、「くさったタマネギのようなにおい」が発生《はっせい》する。ニラ料理《りょうり》を食《た》べたあと、息《いき》がくさくなるのはこれが原因《げんいん》だ。

ニラは肉《にく》との相性《あいしょう》が良《よ》く、特《とく》にブタ肉《にく》と合《あ》わせた料理《りょうり》が人気《にんき》だ。ぎょうざ、ニラまんじゅうのほか、ブタの肝臓《かんぞう》（レバー）をいためた「ニラレバいため」はニラの代表的《だいひょうてき》な料理《りょうり》と言《い》えるだろう。ニラレバいためは栄養面《えいようめん》もすぐれていて、アリシンにはレバーにふくまれるビタミンB1をきゅうしゅうしやすくする働《はたら》きがある。ビタミンB1は疲労回復《ひろうかいふく》の効果《こうか》があるので、ニラレバいためが「スタミナ料理《りょうり》」とよばれるのもなっとくだ。

ニラは生命力《せいめいりょく》が強《つよ》く、根《ね》の上《うえ》から切《き》ると、そこからまた新《あたら》しい葉《は》がのびてくる。こうして年《ねん》に3回《かい》ほどしゅうかくできるが、一番《いちばん》おいしいのは葉《は》がやわらかい春《はる》のニラだという。

くさいものコラム

ニラのくささはおならレベル!?

発明家《はつめいか》、作家《さっか》、学者《がくしゃ》など、マルチな才能《さいのう》を持《も》つ江戸時代《えどじだい》の天才《てんさい》クリエイター・平賀源内《ひらがげんない》。彼《かれ》は、自身《じしん》の本《ほん》で「に」から始《はじ》まるくさいものとして、じょうだんまじりに「ニラ、ニンニク、握《にぎ》り屁《べ》」の3つを挙《あ》げている。にぎりべとは「にぎりっぺ」で、ようするにおならのことだ。おならと同列《どうれつ》に語《かた》られるほど、昔《むかし》からニラもニンニクもくさい食《た》べ物《もの》として有名《ゆうめい》だったのだ。

仏教《ぶっきょう》で禁止《きんし》された「五葷《ごくん》」のひとつ

ネギ

いろいろな料理《りょうり》に
おじゃましてま～す

薬味《やくみ》として
いろいろな料理《りょうり》に
使《つか》われるよ

におい成分《せいぶん》をふくむがほどよい風味《ふうみ》で大活躍《だいかつやく》

ネギは大《おお》きく2種類《しゅるい》に分《わ》けられる。主《おも》に白《しろ》い部分《ぶぶん》を食用《しょくよう》にする「白《しろ》ネギ(長《なが》ネギ、根深《ねぶか》ネギ)」と、主《おも》に緑色《みどりいろ》の部分《ぶぶん》を食用《しょくよう》にする「青《あお》ネギ(葉《は》ネギ)」だ。

ネギもアリシンをふくむが、ニンニクやニラにくらべるとにおいは少《すく》ない。むしろ、ほどよい風味《ふうみ》をあたえてくれる食材《しょくざい》として、さまざまな料理《りょうり》に使《つか》われている。青《あお》ネギは小口《こぐち》切《ぎ》りにして薬味《やくみ》として用《もち》いることが多《おお》い。風味《ふうみ》をそえるだけでなく、いろどりもよくなるため食欲《しょくよく》アップにつながる。白《しろ》ネギも薬味《やくみ》に使《つか》われるが、大《おお》きめに切《き》っていため物《もの》や鍋《なべ》の具材《ぐざい》にするほか、焼《や》き鳥《とり》の「ねぎま」のように、シンプルに火《ひ》をとおすだけの調理法《ちょうりほう》も人気《にんき》だ。

なお、仏教《ぶっきょう》では動物《どうぶつ》の命《いのち》をうばうことを禁《きん》じているため、肉食《にくしょく》そのものを禁止《きんし》する時代《じだい》があった。さらに「人間本来《にんげんほんらい》の気《き》をみだすから」と、においの強《つよ》い野菜《やさい》も禁《きん》じられていた。禁止《きんし》された野菜《やさい》は、ニンニク、ニラ、ネギ、タマネギ、ラッキョウの5種《しゅ》で、これらは仏教用語《ぶっきょうようご》で「五葷《ごくん》」とよばれる。いずれもネギ属《ぞく》の野菜《やさい》で、ある意味《いみ》、仏教《ぶっきょう》でも一目置《いちもくお》かれるほどの「くさい野菜《やさい》」だったのだ。

くさいものコラム

ネギを首《くび》に巻《ま》くとかぜが治《なお》る!?

ネギには菌《きん》をたおす働《はたら》きがある。昔《むかし》の日本人《にほんじん》もそのききめを知《し》っていて、ネギはかぜを治《なお》す薬《くすり》としても利《り》用《よう》されていた。

さらに「かぜをひいたときはネギを首《くび》に巻《ま》くと治《なお》る」という言《い》い伝《つた》えまで残《のこ》されている。アリシンは気体《きたい》になりやすいので、たしかに口《くち》や鼻《はな》から入《はい》ることで一定《いってい》のききめはあるかもしれない。とはいえ、なんともユニークな民間療法《みんかんりょうほう》だ。

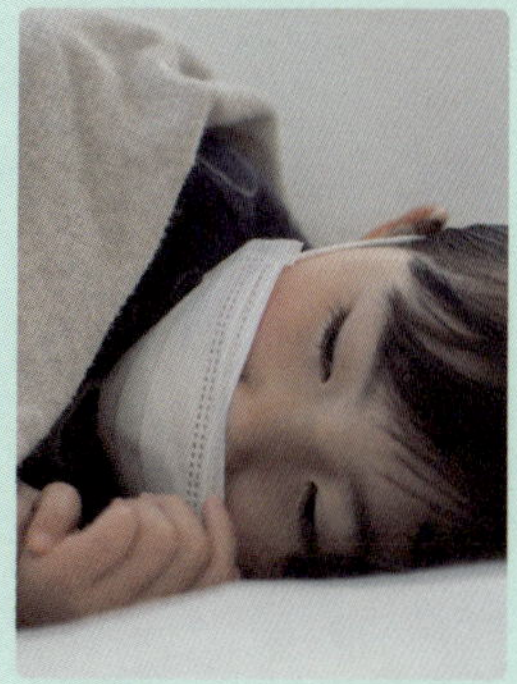

タマネギ

生《なま》でも料理《りょうり》の具《ぐ》としても食《た》べられているよ！

くさい度メーター
まあまあ…
クサい！
ヤバい!!

見《み》てるだけでなみだが出《で》てきそう…

生《なま》で食《た》べるとからいけど加熱《かねつ》するとあまさがきわ立《だ》つ

タマネギのれきしは古《ふる》く、人類《じんるい》が最初《さいしょ》にさいばいを始《はじ》めた野菜《やさい》がタマネギだといわれている。しかし、意《い》外《がい》なことに日本《にほん》でさいばいされるようになったのは明治時代《めいじじだい》に入《はい》ってからだという。

タマネギはあまさとからさの両方《りょうほう》を持《も》つ食材《しょくざい》だ。生《なま》で食《た》べるとからく感《かん》じるが、調理《ちょうり》して熱《ねつ》を加《くわ》えるとあまさが感《かん》じられるようになる。この理由《りゆう》は、から味《み》成分《せいぶん》である「硫化《りゅうか》アリル」が熱《ねつ》に弱《よわ》いため、加熱《かねつ》することでからさが失《うしな》われ、残《のこ》ったあまさが引《ひ》き立《た》つからだ。

硫化《りゅうか》アリルにはいろいろな種類《しゅるい》があり、そのなかのひとつがアリシンだ。このため、ほかのネギ属《ぞく》の野菜《やさい》と同《おな》じく口臭《こうしゅう》の原因《げんいん》となる。

よく「タマネギを切《き》るとなみだが出《で》る」と言《い》われるが、これは硫化《りゅうか》アリルになみだを出《だ》させる成分《せいぶん》がふくまれているからだ。硫化《りゅうか》アリルは空《くう》気《き》にふれると気体《きたい》になりやすい。タマネギのみじん切《ぎ》りなど、切《き》れば切《き》るほど気体《きたい》となった硫化《りゅうか》アリルが目《め》に入《はい》りやすくなり、なみだが止《と》まらなくなってしまう。冷蔵庫《れいぞうこ》で冷《ひ》やしたり、水《みず》につけてから切《き》ると、硫化《りゅうか》アリルの飛散《ひさん》がおさえられ、なみだが出《で》にくくなるという。

くさいものコラム

ペットはネギ類禁止《るいきんし》 タマネギ中毒《ちゅうどく》に注意《ちゅうい》！

タマネギなどのネギ属《ぞく》には、血液《けつえき》のなかの赤血球《せっけっきゅう》をこわす働《はたら》きがある。めまいや頭痛《ずつう》などを引《ひ》き起《お》こす貧血《ひんけつ》になり、これを「タマネギ中毒《ちゅうどく》」とよぶ。

ただし、人《ひと》は赤血球《せっけっきゅう》の量《りょう》が多《おお》く、タマネギ中毒《ちゅうどく》になることはめったにないという。気《き》をつけたいのは人以《ひとい》外《がい》の動物《どうぶつ》だ。イヌやネコなどのペットには、ぜったいにネギ類《るい》を食《た》べさせないようにしよう。

悪《わる》いものを追《お》いはらう！ まよけとしてのニンニク

くさみは強《つよ》いが栄養豊富《えいようほうふ》なニンニク。しかし、食材《しょくざい》や薬《くすり》としてだけでなく、変《か》わった方法《ほうほう》で利用《りよう》されることもある。

家《いえ》の前《まえ》につるせばあくまが寄《よ》ってこない？

強《つよ》い香味《こうみ》と高《たか》い栄養価《えいようか》を持《も》ち、古《ふる》くからスタミナ食材《しょくざい》として親《した》しまれてきたニンニク。昔《むかし》の人《ひと》は、ニンニクには悪《わる》いものを追《お》いはらうこうかがあると信《しん》じ、「まよけ」としても世界各地《せかいかくち》で使《つか》われてきた。

かつてヨーロッパでは「病気《びょうき》は悪《あく》魔《ま》が運《はこ》んでくる」と信《しん》じられていた。このため、げんかんやまどの前《まえ》などにニンニクをつるし、悪魔《あくま》をよせつけないようにしていた。また、ヨーロッパに伝《つた》わる有名《ゆうめい》なモンスターの「吸血鬼《きゅうけつき》」も、ニンニクが弱点《じゃくてん》とされている。

一方《いっぽう》、日本神話《にほんしんわ》ではヤマトタケルが悪《わる》い神《かみ》をたおすときにニンニクを使《つか》ったという話《はなし》が残《のこ》されている。このため、日本《にほん》でもまよけのこうかがあると信《しん》じられ、げんかんにニンニクをつるす文化《ぶんか》がある。

ニンニクの成分《せいぶん》には菌《きん》をころす働《はたら》きがあるため、昔《むかし》の人《ひと》はきず口《ぐち》を消《しょう》毒《どく》したり、食中毒《しょくちゅうどく》を治《なお》す薬《くすり》としても使《つか》っていた。こうしたこうかが「悪《わる》いものを追《お》いはらう」という考《かんが》えにつながり、まよけのアイテムとなったのかもしれない。

世界各地《せかいかくち》でまよけとして家《いえ》の前《まえ》につるされていたニンニク。ちなみに、生《なま》のニンニクをほぞんするため、屋外《おくがい》につるしてかんそうさせることもある。

第《だい》4章《しょう》

その他《ほか》の食《た》べ物《もの》

かんづめのなかでふえ続《つづ》けるにおい成分《せいぶん》

エピキュアー

くさいチーズの
ニュージーランド代表《だいひょう》!

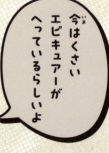

最《もっと》もくさいチーズと言《い》われたかんづめ時代《じだい》のエピキュアー

ウシやヒツジ、ヤギなどの乳《ちち》を発《はっ》酵《こう》・熟成《じゅくせい》させて作《つく》られるチーズ。その特有《とくゆう》のにおいは、さまざまな成分《せいぶん》が原因《げんいん》だ。

乳《ちち》のなかにふくまれるプロピオン酸《さん》（すっぱいにおい）、酪酸《らくさん》（むれた足《あし》のにおい）、カプロン酸《さん》（あせのにおい）をはじめ、乳酸発酵《にゅうさんはっこう》の成《せい》分《ぶん》であるヘプタノン（アーモンドのにおい）、ノナノン（しぼうのにおい）や、「ミルクフレーバー」とよばれる乳本来《ちほんらい》のケトン体化合物《たいかごうぶつ》（果《くだ》物《もの》がくさったにおい）など、挙《あ》げていけばきりがない。

これだけクセのあるにおいが集《あつ》まっているのだから、チーズがくさいのは当然《とうぜん》。そのなかでも、くさいチーズの代表《だいひょう》がニュージーランド原《げん》産《さん》のエピキュアーだ。エピキュアーは発酵《はっこう》・熟成期間《じゅくせいきかん》が数年《すうねん》と長《なが》く、その分《ぶん》においが強《つよ》い。かつてはかんづめに入《い》れて熟成《じゅくせい》させることが多《おお》く、シュール・ストレミングのように、発酵《はっこう》で生《しょう》じたガスでかんづめがパンパンになることもあった。しかし、今《いま》はかんづめのエピキュアーはほとんど出回《でまわ》っていないようだ。熟《じゅく》成《せい》しないように加工《かこう》されたエピキュアーが主流《しゅりゅう》で、においもかなりひかえめになっている。

くさいもの コラム

ナチュラルチーズとプロセスチーズ

チーズは大《おお》きく分《わ》けて2種類《しゅるい》ある。ひとつは、生《い》きた菌《きん》が発酵《はっこう》・熟成《じゅくせい》を続《つづ》ける「ナチュラルチーズ」で、もうひとつは発酵《はっこう》・熟成《じゅくせい》しない「プロセスチーズ」だ。プロセスチーズは、ナチュラルチーズを加熱処理《かねつしょり》して作《つく》られるため、熱《ねつ》によって菌《きん》が死《し》んでしまう。一般的《いっぱんてき》に、プロセスチーズはにおいが少《すく》なく、ナチュラルチーズは発酵《はっこう》・熟成《じゅくせい》の期間《きかん》によってにおいの強《つよ》さが変《か》わっていく。

「くさい足《あし》のにおい」がするチーズ

リンブルガー

牛乳《ぎゅうにゅう》で作《つく》られたチーズだよ

気絶《きぜつ》しそうなにおいだよ！

ウォッシュチーズのなかでも特《とく》にくさいチーズのひとつ

リンブルガー（リンバーガー）は、ベルギーが原《げん》産《さん》の牛《ぎゅう》乳《にゅう》で作《つく》られたウォッシュチーズだ。

ウォッシュチーズとは、定《てい》期《き》的《てき》にチーズの表《ひょう》面《めん》を塩《しお》水《みず》や酒《さけ》（ビール、ワイン、ブランデーなど）などであらいながら熟《じゅく》成《せい》させたチーズのこと。熟《じゅく》成《せい》が進《すす》むと強《つよ》いにおいを発《はっ》生《せい》させるのがとくちょうで、さまざまな作《つく》り方《かた》のなかでも、ウォッシュチーズはくさいものが多《おお》い。

ウォッシュチーズのにおいの原《げん》因《いん》は、納《なっ》豆《とう》菌《きん》の仲《なか》間《ま》であるリネンス菌《きん》だ。人《ひと》の皮《ひ》ふにも生《せい》息《そく》していて、ふえると体《からだ》がくさくなってしまう。つまり、ウォッシュチーズのくささは、人《ひと》の体《たい》臭《しゅう》のようなふゆかいなにおいなのだ。そんなウォッシュチーズのなかでも、リンブルガーは特《とく》にくさいチーズのひとつだ。「何《なん》日《にち》もはきつづけたくつしたのにおい」など、人の足《あし》のにおいにたとえられることが多《おお》い。

事《じ》実《じつ》、昔《むかし》のリンブルガーは水《みず》を切《き》るときに、素《す》足《あし》でふんで水《みず》切《き》りしていたという。リンブルガーのリネンス菌《きん》は、人《ひと》の足《あし》から付《ふ》着《ちゃく》した菌《きん》で発《はっ》酵《こう》していたのだ。もちろん、今《いま》は足《あし》の菌《きん》ではなく、清《せい》けつなかんきょうでふやした菌《きん》が使《し》用《よう》されている。

くさいものコラム

チャップリンの映《えい》画《が》に登《とう》場《じょう》したリンブルガー

20世《せい》紀《き》前《ぜん》半《はん》にかつやくした映《えい》画《が》スターのチャップリン。多《おお》くの作《さく》品《ひん》でかんとく・きゃくほん・主《しゅ》演《えん》をつとめたが、そのひとつである『担《にな》え銃《つつ》／チャップリンの兵《へい》隊《たい》さん』に、リンブルガーが登《とう》場《じょう》する。第《だい》一《いち》次《じ》世《せ》界《かい》大《たい》戦《せん》のとある戦《せん》場《じょう》で、ガスマスクをつけた主《しゅ》人《じん》公《こう》がてきの兵《へい》にリンブルガーを投《な》げつける。すると、あまりのくささに兵《へい》は気《き》絶《ぜつ》してしまう……というユニークなシーンだ。

のうこうなうま味《み》が人気《にんき》の青《あお》カビチーズ

ブルーチーズ

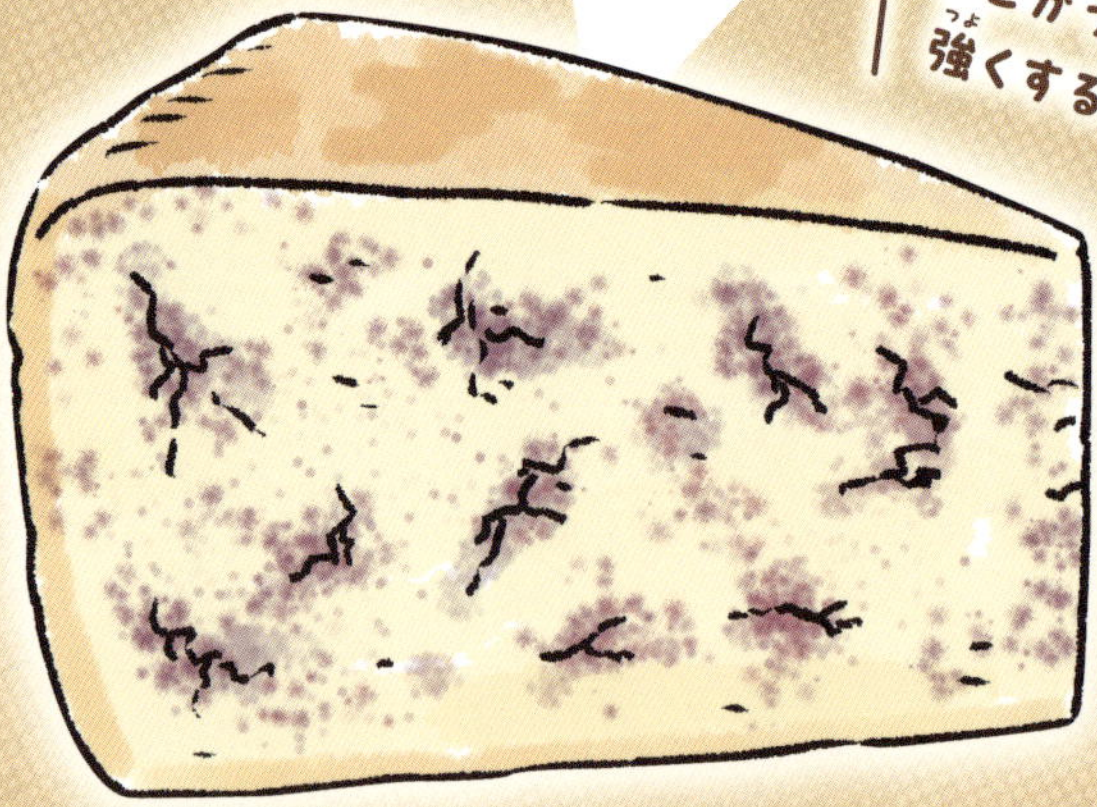
カビがうま味《み》を強《つよ》くするんだ!

くさい度メーター
まあまあ…
クサい!
ヤバい!!

青《あお》カビが食《た》べられるなんてビックリ!

青《あお》カビが多《おお》いブルーチーズは「おじさんのにおい」がする!?

ブルーチーズは、牛乳《ぎゅうにゅう》を発酵《はっこう》させたあとに青《あお》カビで熟成《じゅくせい》させたナチュラルチーズだ。産地《さんち》によっていろいろなブルーチーズがあり、特《とく》に有名《ゆうめい》なイギリス産《さん》の「スティルトン」、イタリア産《さん》の「ゴルゴンゾーラ」、フランス産《さん》の「ロックフォール」は、世界三大《せかいさんだい》ブルーチーズとされる。なお、ロックフォールだけはヒツジの乳《ちち》が原料《げんりょう》で、長《なが》いれきしを持《も》つことから「ブルーチーズの王様《おうさま》」とよばれることがある。

青《あお》カビは300種類以上《しゅるいいじょう》あるが、その多《おお》くは人体《じんたい》に悪《わる》いえいきょうをあたえる。ブルーチーズに使用《しよう》されるのは、人《ひと》が食《た》べても問題《もんだい》がない特別《とくべつ》な青《あお》カビだ。青《あお》カビは、牛乳《ぎゅうにゅう》にふくまれるたんぱくしつを分解《ぶんかい》し、うま味成分《みせいぶん》であるアミノ酸《さん》を作《つく》り出《だ》す。その一方《いっぽう》で、しぼうも分解《ぶんかい》するのだが、ここで作《つく》り出《だ》されるしぼう酸《さん》がブルーチーズ特有《とくゆう》の風味《ふうみ》となる。そのにおいは、苦手《にがて》な人《ひと》からはよく「カメムシ」や「おじさんの体臭《たいしゅう》」などとたとえられる。ブルーチーズは青《あお》カビが多《おお》くなるほどうま味《み》が強《つよ》まるが、においもきつくなる。ピリッとしたしげきも青《あお》カビのとくちょうで、「チーズは好《す》きだけどブルーチーズだけは苦手《にがて》」という人《ひと》も多《おお》い。

くさいものコラム

青《あお》カビから作《つく》られるきせきの薬《くすり》とは?

青《あお》カビはペニシリウム属《ぞく》というカビの仲間《なかま》で、薬《くすり》の「ペニシリン」も青《あお》カビが原料《げんりょう》だ。ペニシリンは、はいえんなどのそれまで薬《くすり》では治《なお》せないと考《かんが》えられていた命《いのち》に関《かか》わる病《びょう》気《き》を治《なお》すことができたので「きせきの薬《くすり》」とよばれた。カビなどの微生《びせい》物《ぶつ》から作《つく》られる薬《くすり》を抗生物質《こうせいぶっしつ》とよぶ。ペニシリンの発見《はっけん》をきっかけに、その後《ご》、いろいろなカビから抗生物質《こうせいぶっしつ》が作《つく》られるようになった。

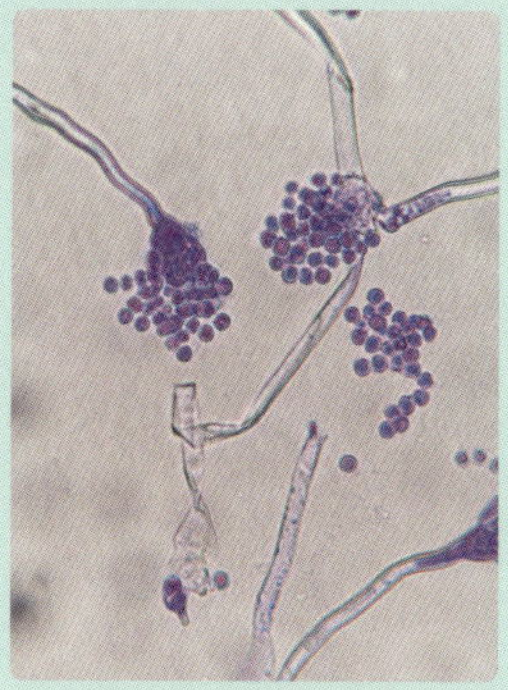

ウォッシュチーズの代表的《だいひょうてき》そんざい

エポワス

外側《そとがわ》は固《かた》くて中《なか》は
トロッとしているよ

美食家《びしょくか》が「チーズの王《おう》」とよぶブルゴーニュ地方《ちほう》の特産《とくさん》チーズ

エポワスはウォッシュチーズの代《だい》表的《ひょうてき》そんざいとされるチーズだ。フランスのブルゴーニュ地方《ちほう》が原産地《げんさんち》で、同地方《どうちほう》のエポワス村《むら》が名前《なまえ》の由《ゆ》来《らい》となっている。

18世紀《せいき》フランスの法律家《ほうりつか》ブリア＝サヴァランは、グルメな人物《じんぶつ》としても知《し》られ、さまざな食《た》べ物《もの》について記《しる》した本《ほん》『美味礼賛《びみらいさん》』の作者《さくしゃ》でもある。この本《ほん》にはエポワスについても書《か》かれていて「チーズの王《おう》」とぜっさんされている。

ウォッシュチーズは塩水《しおみず》や酒《さけ》で定《てい》期的《きてき》にあらいながら熟成《じゅくせい》させていくが、エポワスには「マール」という酒《さけ》が使《つか》われる。マールとは、ワインを作《つく》ったあとに残《のこ》ったブドウのかすを再発酵《さいはっこう》させて作《つく》られたじょうりゅう酒《しゅ》だ。上品《じょうひん》な香《かお》りがとくちょうだが、ふしぎなことにマールであらったエポワスは、ウォッシュチーズのなかでも特《とく》に強《つよ》い、刺激的《しげきてき》なくさみを発生《はっせい》させてしまう。

リンブルガーと同《おな》じく、エポワスはリネンス菌由来《きんゆらい》の「くさい足《あし》のにおい」がする。しかし、おしゃれなフランス人たちは「チーズの王《おう》」であるエポワスに気《き》をつかっているのか、「神様《かみさま》の足《あし》のにおい」と表現《ひょうげん》するそうだ。

くさいものコラム

においのもとが表面《ひょうめん》にびっしり

エポワスはホールケーキのような丸《まる》がたのタイプで作《つく》られることが多《おお》い。「外皮《がいひ》」とよばれるチーズの表《ひょう》面《めん》はオレンジ色《いろ》で、これがにおいの原因《げんいん》となるリネンス菌《きん》だ。外皮《がいひ》をめくると、クリーム色《いろ》のトロッとしたチーズがあらわれる。冷蔵庫《れいぞうこ》で冷《ひ》やせば切《き》り分《わ》けて食《た》べられるが、常温《じょうおん》の場合《ばあい》はスプーンですくう必要《ひつよう》がある。フランスでは固《かた》めのパンなどにつけて食《た》べることが多《おお》い。

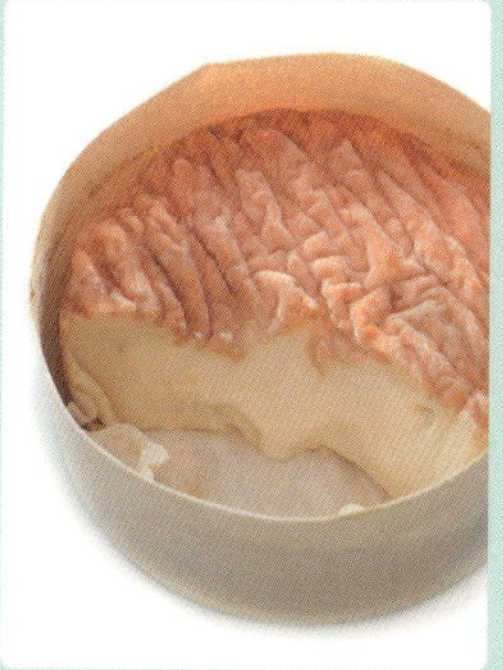

フランス北部《ほくぶ》ののうこうなウォッシュチーズ

マロワール

フランス原産《げんさん》の四角《しかく》が特徴《とくちょう》のチーズだよ

1000年《ねん》以上《いじょう》前《まえ》から作《つく》られているよ

修道院《しゅうどういん》生《う》まれのマロワールチーズと修道院《しゅうどういん》の意外《いがい》な関係《かんけい》

マロワールは、フランス北部《ほくぶ》のティエラシェ地方《ちほう》が原産《げんさん》のウォッシュチーズだ。名前《なまえ》はマロワール村《むら》の修道院《しゅうどういん》で作《つく》られていたことに由来《ゆらい》している。修道院《しゅうどういん》とは、キリスト教《きょう》を信仰《しんこう》する人《ひと》たちが、世間《せけん》からはなれて信仰《しんこう》を深《ふか》めるために共同生活《きょうどうせいかつ》するためのしせつだ。

実《じつ》は、フランスのチーズと修道院《しゅうどういん》には深《ふか》い関《かか》わりがある。昔《むかし》のフランスでは、チーズは庶民《しょみん》のほぞん食《しょく》というあつかいで「びんぼう」のイメージがつきまとう食《た》べ物《もの》だった。修道院《しゅうどういん》では、まずしい人たちの食生《しょくせい》活《かつ》をささえるため、チーズを作《つく》って分《わ》けあたえたという。このため、フランスのチーズのルーツは修道院《しゅうどういん》であることが多《おお》く、94ページのエポワスも修道院生《しゅうどういんう》まれのチーズだ。

エポワスは丸型《まるがた》だが、マロワールは四角《しかく》に整《ととの》えられている。しかし、エポワスとともに「フランスで最《もっと》もくさいチーズ」と言《い》われることが多《おお》い。フランス北部《ほくぶ》では、マロワールを使《つか》ったフラミッシュという郷土料《きょうどりょう》理《り》がある。たまごや生《なま》クリームといっしょに焼《や》き上《あ》げるタルト料理《りょうり》で、加熱《かねつ》することでにおいがへって食《た》べやすいそうだ。

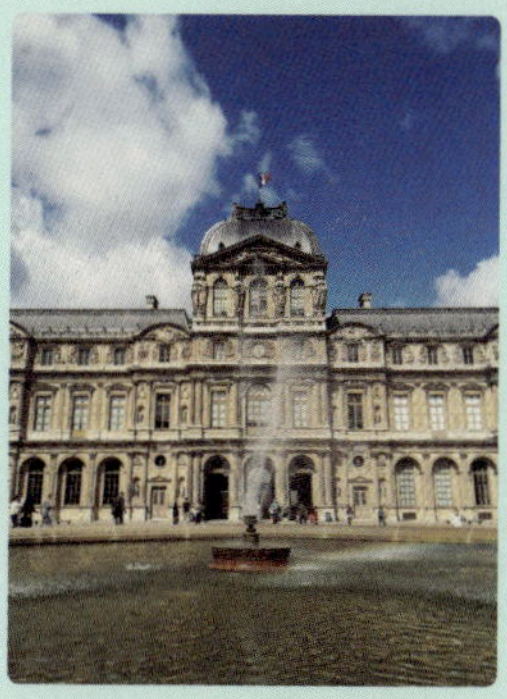

くさいものコラム

マロワールは王族《おうぞく》に愛《あい》された!?

中世《ちゅうせい》フランスの王族《おうぞく》や貴族《きぞく》たちは、チーズを「まずしい人《ひと》が食《た》べる肉《にく》」とばかにしていた。しかし、なぜかマロワールにかぎっては、王族《おうぞく》が食《た》べていたという記録《きろく》が多《おお》く残《のこ》されているという。マロワール村《むら》は王族《おうぞく》が生活《せいかつ》するパリに近《ちか》いが、それだけの理由《りゆう》でばかにしていたチーズを食《た》べるだろうか。くわしい理由《りゆう》は不明《ふめい》だが、いずれにしても王族《おうぞく》がよく食《た》べていたチーズなのだ。

イタリアの一部《いちぶ》で食《た》べられるウジ虫《むし》チーズ

カソ・マルツゥ

ウジ虫《むし》がチーズを発酵《はっこう》させる！

くさい度メーター
まあまあ…
クサい！
ヤバい!!

ウジ虫《むし》が飛《と》び出《だ》してくるらしいよ！

ウジ虫《むし》がチーズをトロトロに⁉ きけんだから売《う》るのは禁止《きんし》

カソ・マルツゥ（カース・マルツゥ）は、イタリアのサルデーニャ地方《ちほう》のチーズだ。なんといっても、このチーズの最大《さいだい》のとくちょうは「ウジ虫《むし》がわいている」ことだ。

カソ・マルツゥは、ヒツジの乳《ちち》を使《つか》ったサルデーニャ伝統《でんとう》のペコリーノ・サルドを使《つか》って作《つく》られる。このチーズを熟成《じゅくせい》させる途中《とちゅう》で、ハエにたまごを産《う》みつけさせる。たまごから産《う》まれたウジ虫《むし》は、チーズを食《た》べはじめるが、このときにチーズの発酵《はっこう》やしぼうの分解《ぶんかい》が進《すす》むという。ペコリーノ・サルドは水分《すいぶん》の少《すく》ないハードタイプだが、ウジ虫《むし》のおかげでトロトロ食感《しょっかん》になるのだ。

なお、カソ・マルツゥとはサルデーニャ地方《ちほう》の方言《ほうげん》で「くさったチーズ」という意味《いみ》だ。ウジ虫《むし》ごと食《た》べる人《ひと》もいるが、安全面《あんぜんめん》や健康面《けんこうめん》からひじょうにきけんだ。このため、イタリア政府《せいふ》によってせいぞう・販《はん》売《ばい》が禁止《きんし》されている。しかし、地元《じもと》では今《いま》でもこっそり作《つく》られ、こっそり売《う》られているという。

ヒツジの乳《ちち》で作《つく》られるため、牛《ぎゅう》乳《にゅう》よりもくさみが強《つよ》い。だが、正《しょう》直《じき》なところ、においなどどうでもよくなってしまうほど、その見《み》た目《め》のインパクトが強《つよ》いチーズだ。

くさいものコラム

チーズを切《き》るとウジ虫《むし》が飛《と》び出《だ》す！

カソ・マルツゥのウジ虫《むし》は、チーズバエというハエの幼虫《ようちゅう》だ。このウジ虫《むし》は体長《たいちょう》8ミリほどだが、しげきをあたえると10センチ以上《いじょう》もジャンプすることがあるという。このため、カソ・マルツゥを切《き》ると、中《なか》にいたウジ虫《むし》がビックリして、いっせいに飛《と》びはねるのだ。ひじょうに気持《きも》ちの悪《わる》い光景《こうけい》で、チーズ好《ず》きのイタリア人《じん》でさえ、その多《おお》くが苦手《にがて》とするチーズだ。

日本《にほん》の朝食《ちょうしょく》を代表《だいひょう》する発酵食品《はっこうしょくひん》

納豆《なっとう》

納豆菌《なっとうきん》によって発酵《はっこう》する
日本《にほん》生《う》まれの食品《しょくひん》

くさい度メーター
まあまあ…
クサい！
ヤバい!!

ネバネバが
うま味《み》とくさみを
閉《と》じこめている

うま味《み》の正体《しょうたい》はネバネバ 糸《いと》を引《ひ》くほどうまくなる

ネバネバと糸《いと》を引《ひ》く、きみょうな見《み》た目《め》の納豆《なっとう》は、日本《にほん》で生《う》まれた発《はっ》酵食品《こうしょくひん》だ。ネバネバの正体《しょうたい》は「納豆《なっとう》菌《きん》」で、むした大豆《だいず》に納豆菌《なっとうきん》を加《くわ》えることで発酵《はっこう》させている。

納豆菌《なっとうきん》はイネのわらに多《おお》く生息《せいそく》する微生物《びせいぶつ》だ。このため、伝統的《でんとうてき》な作《つく》り方《かた》では、むした大豆《だいず》をわらに包《つつ》んで発酵《はっこう》させている。納豆《なっとう》が特産《とくさん》の茨《いばら》城県水戸市《きけんみとし》をはじめ、今《いま》でもわら納《なっ》豆《とう》は生産《せいさん》されている。

納豆《なっとう》のくさみの正体《しょうたい》は、発酵《はっこう》によって生《しょう》じるアンモニアなどの成分《せいぶん》だ。ねばりがあってにおいがとどまりやすく、服《ふく》などにつくとなかなかにおいが落《お》ちない。しかし、発酵《はっこう》で生《しょう》じるのはくさみ成分《せいぶん》だけではない。大豆《だいず》を分解《ぶんかい》すると、うま味《み》成分《せいぶん》であるグルタミン酸《さん》があらわれる。グルタミン酸《さん》はコンブにふくまれるうま味《み》成分《せいぶん》と同《おな》じで、納豆特有《なっとうとくゆう》のネバネバもポリグルタミン酸《さん》が主成分《しゅせいぶん》だ。

ちなみに、こうじ菌《きん》で大豆《だいず》を発酵《はっこう》させた、ねばりのない「塩辛納豆《しおからなっとう》」という食品《しょくひん》もある。もともと中国《ちゅうごく》から持《も》ちこまれたこちらが「納豆《なっとう》」とよばれていた。しかし、納豆菌《なっとうきん》を使《つか》った「糸引《いとひ》き納豆《なっとう》」が登場《とうじょう》して広《ひろ》まった結果《けっか》、糸引《いとひ》き納豆《なっとう》のことを「納豆《なっとう》」とよぶようになったそうだ。

くさいもの
コラム

日本酒《にほんしゅ》を作《つく》る人《ひと》は納豆《なっとう》を食《た》べられない？

納豆菌《なっとうきん》はとても強《つよ》い菌《きん》で、ほかの菌《きん》の活動《かつどう》をおさえこんでしまう。日《に》本酒《ほんしゅ》づくりに欠《か》かせないこうじ菌《きん》も、近《ちか》くに納豆菌《なっとうきん》がいると本来《ほんらい》の活動《かつどう》ができず、日本酒《にほんしゅ》が作《つく》れなくなってしまう。このため、日本酒《にほんしゅ》を作《つく》る人《ひと》たちにとって、納豆《なっとう》はとてもこわいそんざいだ。酒蔵《さかぐら》に納豆菌《なっとうきん》を持《も》ちこまないようにするため、酒造期間中《しゅぞうきかんちゅう》は納豆《なっとう》を食《た》べることがかたく禁止《きんし》されているのだ。

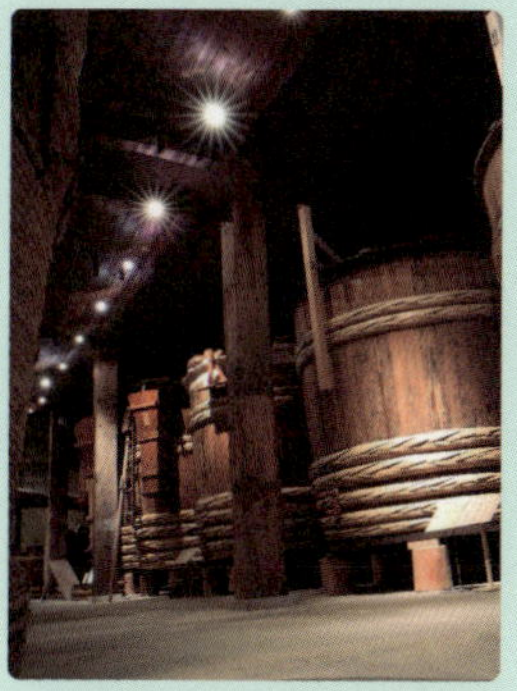

くさくてのうこうな中国《ちゅうごく》の発酵豆腐《はっこうとうふ》

腐乳《ふにゅう》

豆腐《とうふ》を発酵《はっこう》させた
中国《ちゅうごく》の食《た》べ物《もの》だよ

くさい度メーター
まあまあ…
クサい！
ヤバい!!

西洋《せいよう》では「チャイニーズチーズ」とよばれるよ

豆腐《とうふ》を発酵《はっこう》させるとにおいと食感《しょっかん》がチーズに!?

腐乳《ふにゅう》は中国《ちゅうごく》を代表《だいひょう》する発酵食品《はっこうしょくひん》だ。中国読《ちゅうごくよ》みは「フールー」で、腐《くさ》った乳《ちち》と書《か》くが、乳製品《にゅうせいひん》ではなく豆腐《とうふ》を発酵《はっこう》させている。

腐乳《ふにゅう》の作《つく》り方《かた》は、水分《すいぶん》を少《すく》な目《め》に作《つく》った豆腐《とうふ》を一口《ひとくち》ていどの大《おお》きさに切《き》り分《わ》けて、かんそうさせていく。1週間《しゅうかん》ほどすると、表面《ひょうめん》にカビ（こうじ菌《きん》）が生《は》えてくるので、ここで塩水《しおみず》へとつける。そして最後《さいご》に、つぼなどにうつし、アルコール度数《どすう》の高《たか》い酒《さけ》をかけてふたをすれば、1～2か月《げつ》ほどで発酵《はっこう》・熟成《じゅくせい》して腐乳《ふにゅう》ができあがる。腐乳《ふにゅう》は西洋《せいよう》で「チャイニーズチーズ」とよばれ、チーズによくにた強《つよ》いくさみを発《はっ》している。風味《ふうみ》もチーズに近《ちか》く、のうこうでクリーミーな味《あじ》わいだという。中国《ちゅうごく》では、おかゆに入《い》れたり、肉《にく》の下味《したあじ》にしたり、なべやいため物《もの》に入《い》れたりと、万能調味料《ばんのうちょうみりょう》として使《つか》われる。

酒《さけ》の種類《しゅるい》や加《くわ》える調味料《ちょうみりょう》によって、大《おお》きく「白腐乳《しろふにゅう》」「紅腐乳《べにふにゅう》」「青腐《あおふ》乳《にゅう》」の3種類《しゅるい》に分《わ》けられる。定番《ていばん》は白腐乳《しろふにゅう》で、あまみと塩味《えんみ》がきいている。紅腐乳《べにふにゅう》は紅色《べにいろ》のこうじで発酵《はっこう》させた腐乳《ふにゅう》で、トウガラシを入《い》れてからくすることもある。青腐乳《あおふにゅう》は「臭《しゅう》豆腐《どうふ》」の一種《いっしゅ》なので、104ページでしょうかいしよう。

くさいもの
コラム

沖縄《おきなわ》の豆腐《とうふ》ようは腐乳《ふにゅう》がルーツ

沖縄県《おきなわけん》には、腐乳《ふにゅう》によくにた「豆《とう》腐《ふ》よう」という発酵食品《はっこうしょくひん》がある。琉《りゅう》球王朝時代《きゅうおうちょうじだい》、明《みん》（当時《とうじ》の中国《ちゅうごく》）から伝《つた》わった腐乳《ふにゅう》がルーツと言《い》われ、作《つく》り方《かた》も腐乳《ふにゅう》ににている。「豆腐《とうふ》の表面《ひょうめん》にカビをつけない」「つけこむ酒《さけ》は沖縄《おきなわ》の地酒《じざけ》である泡《あわ》盛《もり》」などが腐乳《ふにゅう》とのちがいだ。紅《べに》こうじを使《つか》った真《ま》っ赤《か》な豆腐《とうふ》ようが有《ゆう》名《めい》で、めでたい席《せき》でふるまわれたハレの料理《りょうり》だ。

腐乳《ふにゅう》とならぶ中国《ちゅうごく》のくさい発酵豆腐《はっこうどうふ》

臭《しゅう》豆《どう》腐《ふ》

中国《ちゅうごく》や台湾《たいわん》などの屋台《やたい》で売《う》られているよ

くさい度メーター
まあまあ…
クサい！
ヤバい!!

台湾《たいわん》の屋台《やたい》からうんちのにおいが…

華《か》北《ほく》の臭《しゅう》豆《どう》腐《ふ》は生《なま》ゴミ？ 華《か》南《なん》の臭《しゅう》豆《どう》腐《ふ》はうんち⁉

臭《しゅう》豆《どう》腐《ふ》は、中国《ちゅうごく》や台湾《たいわん》で食《た》べられている豆腐《とうふ》の発酵食品《はっこうしょくひん》で、その名《な》の通《とお》りとにかくくさい。

実《じつ》は臭豆腐《しゅうどうふ》とよばれる食品《しょくひん》は2種《しゅ》類《るい》あり、ひとつは102ページでもしょうかいした腐乳《ふにゅう》の一種《いっしゅ》。カビの色《いろ》が青《あお》いことから「青腐乳《あおふにゅう》」ともよばれ、主《おも》に北京《ペキン》などの中国北部《ちゅうごくほくぶ》（華《か》北《ほく》）で食《た》べられている。そのにおいは、生《なま》ゴミや下水《げすい》などにたとえられるが、くささに負《ま》けず口《くち》に入《い》れれば、のうこうなうま味《み》が味《あじ》わえる。

もうひとつの臭豆腐《しゅうどうふ》は、中国南《ちゅうごくなん》部《ぶ》（華南《かなん》）や台湾《たいわん》で食《た》べられることが多《おお》い。地域《ちいき》によって作《つく》り方《かた》がちがうが、植物由来《しょくぶつゆらい》の発酵液《はっこうえき》に豆腐《とうふ》をつけて発酵《はっこう》・熟成《じゅくせい》させるタイプが多《おお》い。

こちらはふん便臭《べんしゅう》……つまり、うんちのにおいがするのだ。インドールとよばれる成分《せいぶん》が原因《げんいん》で、なんと本《ほん》当《とう》のうんちのにおい成分《せいぶん》にもインドールがふくまれている。

このうんちくさい方《ほう》の臭豆腐《しゅうどうふ》は、油《あぶら》であげたあと、タレなどをつけて食《た》べることが多《おお》い。屋台《やたい》グルメが人《にん》気《き》の台湾《たいわん》でも売《う》られていて、海外《かいがい》から来《き》た観光客《かんこうきゃく》が、あまりのくささに周囲《しゅうい》を見回《みまわ》すと、においの先《さき》に臭豆《しゅうどう》腐《ふ》の屋台《やたい》があった……というエピソードをよく耳《みみ》にする。

くさいもの コラム

バラエティ番組《ばんぐみ》で バツゲームになるくささ

臭豆腐《しゅうどうふ》はあまりのくささから、日《に》本《ほん》のバラエティ番組《ばんぐみ》ではバツゲームに利用《りよう》されることがある。

食《た》べなくても、そのにおいをかがせるだけでバツが成立《せいりつ》してしまうほどだ。このため、アクリル板《ばん》などで作《つく》った小《ちい》さな箱《はこ》に頭《あたま》を入《い》れて、そこに臭豆腐《しゅうどうふ》を入《い》れるなどの演出《えんしゅつ》が見《み》られる。ちなみに、最近《さいきん》は日本人《にほんじん》YouTuber（ユーチューバー）が臭豆腐《しゅうどうふ》を食《た》べる企画《きかく》もふえている。

動物《どうぶつ》の血《ち》をまぜた真《ま》っ赤《か》で鉄《てつ》くさい豆腐《とうふ》

血《ち》豆腐《どうふ》

ブタやニワトリの血《ち》を固《かた》めて作《つく》っているよ

くさい度メーター
まあまあ…
クサい！
ヤバい!!

血《ち》を使《つか》った食品《しょくひん》は実《じつ》は各地《かくち》にあるよ

豆腐《とうふ》とまったく関係《かんけい》がない血《ち》を固《かた》めただけの食品《しょくひん》も

血豆腐《ちどうふ》は中国《ちゅうごく》を中心《ちゅうしん》に作《つく》られることが多《おお》い食《た》べ物《もの》だ。地域《ちいき》によって作《つく》り方《かた》や具材《ぐざい》が変《か》わるため、ここではまとめて「血豆腐《ちどうふ》」とよんでいるが、共通《きょうつう》しているのは動物《どうぶつ》の血《ち》が入《はい》っていることだ。

雲南省《うんなんしょう》や四川省《しせんしょう》などの中国西南部《ちゅうごくせいなんぶ》の市場《いちば》では、ブタやニワトリの血《ち》に香辛料《こうしんりょう》を加《くわ》え、豆乳《とうにゅう》で固《かた》めた血豆腐《ちどうふ》が売《う》られている。市場《いちば》で手《て》に入《い》れた血豆腐《ちどうふ》は家《いえ》に持《も》ち帰《かえ》り、むす、焼《や》く、にこむなど、必《かなら》ず火《ひ》を通《とお》して調理《ちょうり》される。

血液《けつえき》にはヘモグロビンという鉄分《てつぶん》がふくまれているため、血《ち》をなめると鉄《てつ》くさい味《あじ》がする。血豆腐《ちどうふ》も鉄《てつ》くさとけものくささが入《い》りまじった味《あじ》がするそうだ。なお、この血豆腐《ちどうふ》は豆乳《とうにゅう》で固《かた》めているため「豆腐《とうふ》」とよべるが、実《じつ》は豆乳《とうにゅう》がいっさい入《はい》っていない血豆腐《ちどうふ》もそんざいする。

広東省《かんとんしょう》や台湾《たいわん》では、ブタやカモの血《ち》を固《かた》めただけの血豆腐《ちどうふ》が作《つく》られている。四角《しかく》い容器《ようき》で血《ち》を固《かた》めるため、見《み》た目《め》が豆腐《とうふ》ににていることから「血豆腐《ちどうふ》」とよばれるそうだ。ただし、地元《じもと》では「豚紅、豚血」や「鴨紅、鴨血」のように、原料《げんりょう》となる動物《どうぶつ》の名前《なまえ》に「紅《べに》」や「血《ち》」をつけてよぶことの方《ほう》が多《おお》い。

くさいもの コラム

管理《かんり》ができていないと食中毒《しょくちゅうどく》のきけんも

血豆腐《ちどうふ》や33ページでしょうかいしたヒツジのブラッドソーセージのように、動物《どうぶつ》の血《ち》を原料《げんりょう》とする料理《りょうり》は世界各地《せかいかくち》にそんざいする。肉《にく》や内臓《ないぞう》はもちろん、血《ち》の一滴《いってき》すらむだにしないという考《かんが》えはりっぱだが、しばしば問題《もんだい》となるのが安全面《あんぜんめん》だ。管理《かんり》があまい工場《こうじょう》で作《つく》られる血豆腐《ちどうふ》は食中毒《しょくちゅうどく》を引《ひ》き起《お》こしやすく、命《いのち》に関《かか》わることもある。

ぬか漬《づ》け

くさいけど実《じつ》は栄養《えいよう》がたっぷり!

くさい度メーター
まあまあ…
クサい!
ヤバい!!

ぬかみそにはいっぱい微生物《びせいぶつ》が住《す》んでいる

うま味《み》とくさみを決《き》める栄養《えいよう》たっぷりのぬかみそ

野菜《やさい》などの食材《しょくざい》を、調味料《ちょうみりょう》につけこむことによって長期《ちょうき》ほぞんできるようにした食《た》べ物《もの》を「漬《つ》け物《もの》」とよぶ。つけている間《あいだ》に発酵《はっこう》・熟成《じゅくせい》すると、においが強《つよ》くなるが、日本《にほん》のぬか漬《づ》けもそのひとつだ。

「ぬか」は玄米《げんまい》を精米《せいまい》するときに出《で》る米《こめ》の外皮《がいひ》のことだ。ぬかに水《みず》や塩《しお》をまぜて発酵《はっこう》させると「ぬかみそ（ぬかどこ）」とよばれるベースができあがる。ぬかみそには乳酸菌《にゅうさんきん》や酵《こう》母《ぼ》などの微生物《びせいぶつ》が大量《たいりょう》に住《す》んでいて、なんとぬかみそ1グラムのなかに1億以上《おくいじょう》の微生物《びせいぶつ》がいるというからおどろきだ。このなかに野菜《やさい》をつけこみ、発酵《はっこう》させた食品《しょくひん》がぬか漬《づ》けというわけだ。

ぬかみそはビタミンやミネラルなどの栄養《えいよう》が豊富《ほうふ》で、ここにつけこんだ野菜《やさい》は、ぬかみその栄養《えいよう》をきゅうしゅうする。特《とく》にビタミンB１のきゅうしゅうが多《おお》く、つける前《まえ》とくらべて約《やく》10倍《ばい》になる。ビタミンB１は、炭水化物《たんすいかぶつ》をエネルギーに変《か》える働《はたら》きを持《も》つ。不足《ふそく》すると体《からだ》がつかれやすくなってしまうので、とても重《じゅう》要《よう》な栄養《えいよう》だ。ぬか漬《づ》けのにおいはぞうきんなどにたとえられ、苦手《にがて》とする人もいるが、日本人《にほんじん》の健康《けんこう》をささえる大切《たいせつ》な伝統食《でんとうしょく》だ。

くさいものコラム

ぬかみそは デリケート 放置《ほうち》するとくさくなる

ぬかみそは気温《きおん》や水分《すいぶん》のバランスがとても大事《だいじ》だ。このバランスがくずれると、さまざまなくさみが発生《はっせい》してしまう。

水分《すいぶん》が多《おお》くなるとせっちゃくざいのようなシンナー臭《しゅう》がして、気温《きおん》が高《たか》くなるとアルコール臭《しゅう》がしてしまう。また、ぬかみそのかきまぜ不足《ぶそく》もいやなにおいの原因《げんいん》となるので、すずしい場所《ばしょ》にほかんして、毎日《まいにち》よくかきまぜる必要《ひつよう》がある。

ぬか漬《ゴ》け界《かい》のスターはおならのにおい!?

たくあん漬《づ》け

ダイコンをぬか漬《づ》けにしたものだよ

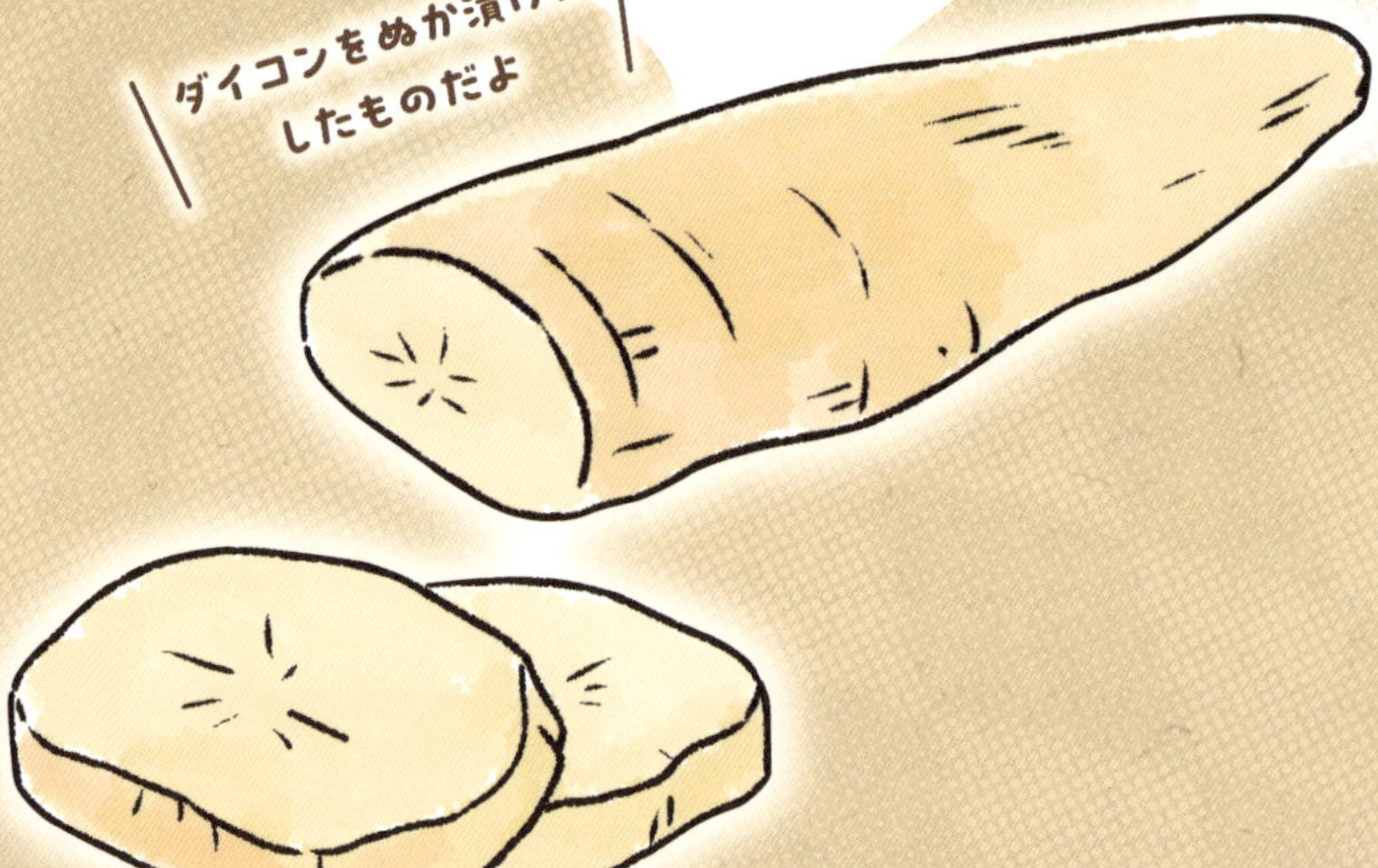

コリコリ食《しょっ》感《かん》がたまらない 伝《でん》統《とう》製《せい》法《ほう》の干《ほ》したくあん

キュウリ、ナス、ニンジンなど、ぬか漬《づ》けにする野《や》菜《さい》はたくさんある。ダイコンもそのひとつで、ダイコンのぬか漬《づ》けは「たくあん漬《づ》け（たくあん、たくわん）」とよび、ぬか漬《づ》けを代《だい》表《ひょう》するそんざいだ。

たくあん漬《づ》けの作《つく》り方《かた》は2通《とお》りある。ひとつは、ダイコンを「塩《しお》押《お》し」してからつけこむ方《ほう》法《ほう》だ。塩《しお》押《お》しとは、塩《しお》をふった野《や》菜《さい》に重《おも》石《し》をのせること。塩《しお》の働《はたら》きでダイコンの水《すい》分《ぶん》をぬき、その後《ご》にぬかみそでつけこむ。塩《しお》押《お》したくあんは「生《なま》たくあん」ともよばれ、みずみずしい味《あじ》がとくちょうだ。

もうひとつは、ダイコンを天《てん》日《び》干《ぼ》しにして、かんそうさせてからぬかみそにつける方《ほう》法《ほう》だ。こちらは昔《むかし》から続《つづ》く伝《でん》統《とう》的《てき》な作《つく》り方《かた》で、塩《しお》押《お》しよりも水《すい》分《ぶん》が多《おお》くぬけるため、「干《ほ》したくあん」の方《ほう》がうま味《み》がぎょうしゅくされている。げんざいは塩《しお》押《お》したくあんの方《ほう》が主《しゅ》流《りゅう》だが、きかいがあれば、両《りょう》方《ほう》のたくあん漬《づ》けを食《た》べくらべてみるのもいいだろう。

くさいと言《い》われるぬか漬《づ》けのなかでも、たくあん漬《づ》けのにおいは特《とく》にきつい。ドリアンと同《おな》じ揮《き》発《はつ》性《せい》硫《い》黄《おう》化《か》合《ごう》物《ぶつ》がふくまれているので、おならのようなにおいがする。

くさいものコラム

ダイコンのくさみの正《しょう》体《たい》はから味《み》成《せい》分《ぶん》

たくあん漬《づ》けもくさいが、その原《げん》料《りょう》であるダイコン自《じ》体《たい》もくさい。「ダイコンにくさいイメージなんてない」という人《ひと》も多《おお》いかもしれないが、ダイコンにふくまれるから味《み》成《せい》分《ぶん》は、時《じ》間《かん》がたつと硫《い》黄《おう》臭《しゅう》が強《つよ》くなっていくのだ。

このため、ダイコンおろしは食《た》べる直《ちょく》前《ぜん》にすられることが多《おお》いが、においにびんかんな人《ひと》は、それすらも苦《に》手《が》に感《かん》じるようだ。

イワシじょう油《ゆ》を使《つか》ったダイコンの漬《つ》け物《もの》

なまぐさごうこ

江戸時代《えどじだい》に生《う》まれた海《うみ》の幸《さち》を使《つか》ったダイコン漬《づ》け

なまぐさこうこ（なまぐさこうこ）とは、新潟県新潟市《にいがたけんにいがたし》の日本海沿《にほんかいえん》岸部《がんぶ》につたわる郷土料理《きょうどりょうり》だ。名前《なまえ》を聞《き》いてもどんな食《た》べ物《もの》かそうぞうつかないが、イワシじょう油《ゆ》を用《もち》いたダイコンのつけ物《もの》である。

新潟市《にいがたし》の海《うみ》は昔《むかし》からマイワシが多《おお》くとれることで知《し》られ、このマイワシを長期《ちょうき》ほぞんするため、塩《しお》づけにする「しょっからいわし」という発《はっ》酵食品《こうしょくひん》が生《う》まれた。ヨーロッパにも、小さいイワシを塩水《しおみず》やオリーブオイルでつけた「アンチョビ」という発《はっ》酵食品《こうしょくひん》がある。言《い》うなれば、しょっからいわしは日本《にほん》のアンチョビだ。

しょっからいわしは、シンプルにそのまま焼《や》いて食《た》べることが多《おお》い。しかし、冬《ふゆ》にダイコンがしゅうかくされると、このしょっからいわしを魚《さかな》の形《かたち》がなくなるまでゆでてイワシじょう油《ゆ》を作《つく》る。そこに干《ほ》したダイコンを1か月《げつ》ほどつけこめば、なまぐさこうこの完成《かんせい》だ。

「なまぐさ」というくらいだから、さぞやくさい食《た》べ物《もの》かと思《おも》いきや、意外《いがい》なことにたくあん漬《づ》けのようなくさみは感《かん》じないそうだ。イワシが発酵《はっこう》したにおいが少《すこ》しするくらいで、むしろほうじゅんとも言《い》える上品《じょうひん》な香《かお》りだという。

くさいもの
コラム

日本人《にほんじん》をふりまわすマイワシの漁《ぎょ》かく量《りょう》

海《うみ》の魚《さかな》は、海水温度《かいすいおんど》や海流《かいりゅう》の変化《へんか》などの理由《りゆう》で、ふえたりへったりすると言《い》われている。イワシはとれる量《りょう》が多《おお》く、昔《むかし》から「庶民《しょみん》の味《み》方《かた》」だった。しかし、1980年代《ねんだい》に約《やく》400万《まん》トンもとれたマイワシが、2000年代《ねんだい》に10万《まん》トンを下《した》回《まわ》り、かかくが上昇《じょうしょう》。かと思《おも》えば、2011年《ねん》からはふたたびとれる量《りょう》がふえるなど、魚好《さかなず》きの日本人《にほんじん》をふりまわしている。

朝鮮半島《ちょうせんはんとう》に古《ふる》くから伝《つた》わる野菜《やさい》の発酵食品《はっこうしょくひん》

キムチ

韓国生《かんこくう》まれの発酵食品《はっこうしょくひん》だよ

くさい度メーター
まあまあ…
クサい！
ヤバい!!

発酵《はっこう》・熟成《じゅくせい》が進《すす》むほどにおいがキツくなるよ

一番《いちばん》人気《にんき》のペチュキムチはハクサイ特有《とくゆう》の薬品《やくひん》のにおい

キムチは朝鮮半島《ちょうせんはんとう》で生《う》まれた伝統《でんとう》的《てき》な漬《つ》け物《もの》だ。作《つく》り方《かた》や具材《ぐざい》によって数多《かずおお》くのキムチがあり、その数《かず》は200種類以上《しゅるいいじょう》と言《い》われている。

キュウリをつけたオイキムチ、ダイコンをつけたカクテキなど、挙《あ》げていけばきりがない。しかし、最《もっと》も有名《ゆうめい》なのは、やはりハクサイをつけたペチュキムチだろう。本場韓国《ほんばかんこく》でも最《もっと》もよく食《た》べられていて、単《たん》に「キムチ」と言《い》う場合《ばあい》、このペチュキムチを指《さ》すのが一般的《いっぱんてき》だ。しかし、意外《いがい》なことにペチュキムチのれきしは浅《あさ》い。19世紀末《せいきまつ》から20世紀初頭《せいきしょとう》に、大型《おおがた》のハクサイが中国《ちゅうごく》から伝《つた》わったことで生《う》まれたという。

ペチュキムチは熟成具合《じゅくせいぐあい》によって3種類《しゅるい》に分《わ》かれ、浅漬《あさづ》けの「コッチョリ」、発酵《はっこう》・熟成《じゅくせい》がそれほど進《すす》んでいない「センキムチ」、しっかりと発酵《はっこう》・熟成《じゅくせい》した「ムグンジ」がある。キムチは乳酸菌《にゅうさんきん》による発酵《はっこう》で、発酵《はっこう》が進《すす》めば進《すす》むほど酸味《さんみ》が強《つよ》くなり、濃厚《のうこう》なうま味《み》もふえていく。しかし、すっぱいにおいや調味料《ちょうみりょう》のニンニク臭《しゅう》、ハクサイにふくまれるイソチオシアネートの薬品臭《やくひんしゅう》は、なかなかに強烈《きょうれつ》だ。ペチュキムチを冷蔵《れいぞう》庫《こ》に入《い》れると、庫内《こない》ににおいがしみついてしまうほどだ。

くさいものコラム

日本人《にほんじん》は本場《ほんば》のキムチが苦手《にがて》!?

キムチは日本《にほん》でも人気《にんき》だが、「本《ほん》場《ば》のキムチはすっぱくてからいから苦手《にがて》」という人《ひと》も少《すく》なくない。このため、日本《にほん》の漬《つ》け物《もの》メーカーが、トウガラシの量《りょう》や乳酸菌《にゅうさんきん》の発酵《はっこう》をおさえた「日本人向《にほんじんむ》けのキムチ」を生産《せいさん》していることが多《おお》い。

こうしたキムチは「浅漬《あさづ》けキムチ」や「和風《わふう》キムチ」などとよばれ、本場《ほんば》の韓国式《かんこくしき》キムチとは別物《べつもの》としてあつかわれている。

アヒルのたまごの発酵食品《はっこうしょくひん》

ピータン

中国料理《ちゅうごくりょうり》のメニューとしても有名《ゆうめい》!

白身《しろみ》も黄身《きみ》もふしぎな色《いろ》になってる!

見《み》た目《め》もにおいも強烈《きょうれつ》！ 熟成《じゅくせい》させたアヒルのたまご

ピータンは鳥《とり》のたまごを熟成《じゅくせい》させた中国《ちゅうごく》の食《た》べ物《もの》だ。アヒルのたまごを使《つか》ったものが本来《ほんらい》のピータンだが、近年《きんねん》はニワトリやウズラのたまごが使《つか》われることがふえている。

ピータンのとくちょうは、何《なん》と言《い》ってもその見《み》た目《め》だろう。形《かたち》こそゆでたまごと同《おな》じだ円形《えんけい》である。しかし、白身《しろみ》であるはずの部分《ぶぶん》はコーヒーゼリーのような半透明《はんとうめい》の濃《こ》い茶《ちゃ》色《いろ》をしていて、黄身《きみ》の部分《ぶぶん》はくさったような青黒《あおぐろ》い色《いろ》なのだ。

なぜ、たまごがこのように変色《へんしょく》するのか。その答《こた》えは、なんともふしぎな作《つく》り方《かた》にかくされている。まず、たまごの表面《ひょうめん》に、塩《しお》、石灰《せっかい》、草木灰《そうもくばい》、土《つち》などをまぜて作《つく》ったねんどでつつみ、この上《うえ》からもみがら（米《こめ》ぬかよりもさらに外側《そとがわ》の皮《かわ》）をまぶす。そして、つぼに入《い》れてふたをして、涼《すず》しくて暗《くら》い場所《ばしょ》に数か月《げつ》置《お》けばピータンができあがる。

表面《ひょうめん》をつつむねんどはアルカリ成《せい》分《ぶん》で、たまごの内部《ないぶ》に入《はい》りこみ、白《しろ》身《み》と黄身《きみ》のたんぱくしつを分解《ぶんかい》する。その結果《けっか》、あのピータン色《いろ》に変《か》わるのだが、熟成《じゅくせい》が進《すす》むなかで強《つよ》いアンモニア臭《しゅう》と硫黄臭《いおうしゅう》を発生《はっせい》する。このにおいと見《み》た目《め》で苦手《にがて》に感《かん》じる人《ひと》が多《おお》いそうだ。

くさいもの コラム

ウソかホントか ピータン誕生物語《たんじょうものがたり》

ピータンは、とある「うっかり」から生《う》まれたそうだ。

昔《むかし》、中国《ちゅうごく》でアヒルのたまごを灰《はい》のなかに置《お》いたまま、わすれて2か月《げつ》近《ちか》く放置《ほうち》したことがあった。ところが、たまごはくさることなく熟《じゅく》成《せい》していたのだ。これがきっかけで、ピータンが作《つく》られるようになった……と言《い》われているが、実《じつ》はこのエピソードは後世《こうせい》の作《つく》り話《ばなし》のようで、本当《ほんとう》の由来《ゆらい》は不明《ふめい》だという。

世界《せかい》で最《もっと》もまずいジャム!?

ベジマイト

トーストにぬって食《た》べるペーストだよ

オーストラリアでは朝食《ちょうしょく》の定番《ていばん》だよ

くさくてしょっぱい なぞの黒《くろ》いペーストとは?!

いろいろな国《くに》に独自《どくじ》の発酵食品《はっこうしょくひん》があり、その国《くに》では人気《にんき》だが、海外《かいがい》の人《ひと》からは受《う》け入《い》れられない……という食《た》べ物《もの》は意外《いがい》と多《おお》い。日本《にほん》の納豆《なっとう》もそのひとつで、外国人《がいこくじん》からすると「糸《いと》を引《ひ》いてくさった豆《まめ》を食《た》べるなんて信《しん》じられない!」といった感想《かんそう》をよく耳《みみ》にすることがある。

オーストラリア生《う》まれのベジマイトも、そんな海外《かいがい》で受《う》け入《い》れられない食《た》べ物《もの》と言《い》える。ベジマイトの原料《げんりょう》は「ビール酵母《こうぼ》のエキス」だ。ビールは大麦《おおむぎ》の麦芽《ばくが》をにこみ、発酵《はっこう》させて作《つく》るのだが、このとき発酵《はっこう》に使《つか》われるのがビール酵母《こうぼ》だ。

ビール酵母《こうぼ》はアミノ酸《さん》やミネラルなどの栄養《えいよう》が豊富《ほうふ》で、これに塩《しお》を加《くわ》えてペーストにしたものがベジマイトなのだ。見《み》た目《め》はチョコレートクリームだが、においはどことなくみそやしょうゆっぽい。しかし、そこにビール酵母《こうぼ》の風味《ふうみ》が加《くわ》わるため、日本《にほん》の発酵食品《はっこうしょくひん》から遠《とお》くはなれた、異国《いこく》の香《かお》りとなる。

味《あじ》は少量《しょうりょう》でも塩《しお》からい。オーストラリアでは、これをトーストにぬって食《た》べるのが朝食《ちょうしょく》の定番《ていばん》だという。このため、気《き》がつけば海外《かいがい》では「世《せ》界一《かいいち》まずいジャム」とよばれるようになってしまった。

くさいもの コラム

モデルになった イギリスのマーマイト

ベジマイトによくにた発酵食品《はっこうしょくひん》が、イギリスの「マーマイト」だ。ビール酵母《こうぼ》と塩《しお》のほか、さとうやスパイスが入っているため、ベジマイトにくらべるとあまさが感《かん》じられるという。ベジマイトが1920年代に作《つく》られたのに対し、マーマイトが商品《しょうひん》化《か》されたのは1902年《ねん》だ。つまり、マーマイトを参考《さんこう》にして作《つく》られたのがベジマイトなのだ。

うんちがコーヒーになる!? 発酵《はっこう》コーヒー豆《まめ》って何《なに》?

海外《かいがい》では「動物《どうぶつ》のフンからとったコーヒー豆《まめ》」がそんざいし、高級《こうきゅう》コーヒーとして高値《たかね》で取引《とりひき》されているという。

動物《どうぶつ》の腸内《ちょうない》で発酵《はっこう》されて コーヒー豆《まめ》の風味《ふうみ》がアップ

コーヒー豆《まめ》はブラジルやコロンビアなどの中南米《ちゅうなんべい》産《さん》が有名《ゆうめい》だが、東南《とうなん》アジアでもさいばいされている。

　インドネシアもコーヒー豆《まめ》の産地《さんち》だが、しばしばジャコウネコという動物《どうぶつ》がコーヒー農園《のうえん》に入りこみ、果実《かじつ》を食《た》べてしまうという。しかし、消化《しょうか》できるのは果肉《かにく》だけで、種子《しゅし》の部分《ぶぶん》であるコーヒー豆《まめ》はフンとしてはいせつされる。このフンから取《と》り出《だ》したコーヒー豆《まめ》は「コピ・ルアク」とよばれ、なんと世界中《せかいじゅう》で人気《にんき》の高級《こうきゅう》コーヒーなのだ。人気《にんき》の理由《りゆう》は、ジャコウネコの腸内《ちょうない》でほどよく発酵《はっこう》されることによって、ふくざつな風味《ふうみ》が加《くわ》わるからだという。

　一方《いっぽう》、タイでは第二《だいに》のコピ・ルアクを目指《めざ》し、ゾウにコーヒーの果実《かじつ》を食《た》べさせ、フンから未消化《みしょうか》のコーヒー豆《まめ》を取《と》り出《だ》す「ブラック・アイボリー」が生産《せいさん》されている。1キログラム約《やく》30万円《まんえん》で、世界《せかい》で最《もっと》も高《たか》いコーヒーと言《い》われている。ただし、高《たか》い理由《りゆう》はゾウのエサ代《だい》をはじめとした維持費《いじひ》にお金《かね》がかかるからだ。コーヒー豆《まめ》自体《じたい》の品質《ひんしつ》は、コピ・ルアクの方が上《うえ》だという。

コピ・ルアクの「協力者《きょうりょくしゃ》」であるジャコウネコ。東南《とうなん》アジアのほか、アフリカ大陸《たいりく》やユーラシア大陸《たいりく》にも生息《せいそく》している。雑食《ざっしょく》で、こん虫《ちゅう》や小動物《しょうどうぶつ》なども食《た》べるそうだ。

うんちになると
高級《こうきゅう》になるってふしぎ!

第《だい》5章《しょう》

調《ちょう》味《み》料《りょう》・香《こう》辛《しん》料《りょう》

秋田特産《あきたとくさん》のハタハタの魚醤《ぎょしょう》

しょっつる

ハタハタという魚《さかな》が
原料《げんりょう》の調味料《ちょうみりょう》だよ

▲しょっつるを使《つか》った
しょっつるなべ

魚《さかな》特《とく》有《ゆう》の発《はっ》酵《こう》臭《しゅう》はあるがうま味《み》とあま味《み》がおく深《ぶか》い

魚介類《ぎょかいるい》を大量《たいりょう》の塩《しお》につけて発酵《はっこう》させると、くさくてドロドロの「魚《ぎょ》醤《しょう》」ができあがる。魚醤《ぎょしょう》はアジア沿《えん》岸《がん》の国《くに》を中心《ちゅうしん》に、古《ふる》くから作《つく》られている調味料《ちょうみりょう》だ。発酵《はっこう》によって魚《さかな》のたんぱくしつが分解《ぶんかい》されると、うま味《み》成分《せいぶん》の一種《いっしゅ》であるアミノ酸《さん》があらわれる。塩味《えんみ》とうま味《み》のきいた調味料《ちょうみりょう》が魚醤《ぎょしょう》なのだ。

しょっつるは、秋田県《あきたけん》で作《つく》られる日本《にほん》を代表《だいひょう》する魚醤《ぎょしょう》のひとつ。原料《げんりょう》となるのはハタハタで、たんぱくながらもあまみのある魚《さかな》だ。ハタハタから作《つく》られる魚醤《ぎょしょう》は、アミノ酸《さん》とは別《べつ》のうま味成分《みせいぶん》のグルタミン酸《さん》や、あま味成分《みせいぶん》のアラニンが多《おお》くふくまれている。このため、魚醤特有《ぎょしょうとくゆう》のくさみも少《すく》なく、あまさやコクを感《かん》じられるという。

しょっつるを使《つか》った料理《りょうり》は、しょっつるなべが有名《ゆうめい》だ。しょっつるベースのだしに、ハタハタ、ネギやハクサイ、豆腐《とうふ》などの具材《ぐざい》が入り、しょっつるの上品《じょうひん》な風味《ふうみ》がやさしい秋田《あきた》の郷土料理《きょうどりょうり》だ。

このほか、しょっつるはラーメンやうどんのスープに使《つか》われる。また、近年《きんねん》は男鹿市《おがし》の新《あら》たなご当地《とうち》グルメとして、しょっつるを使《つか》った焼《や》きそばも考案《こうあん》されている。

くさいもの
コラム

ハタハタのげきげんでしょっつるもピンチに

秋田近海《あきたきんかい》では1970年以《ねんい》こうにハタハタの漁《ぎょ》かく量《りょう》がげきげんし、ピーク時《じ》の1～2万《まん》トンから1991年《ねん》には70トンにまでへってしまった。そこで、地元漁師《じもとりょうし》たちはハタハタ漁《りょう》を禁止《きんし》するなどの対策《たいさく》を行《おこな》った結果《けっか》、近年《きんねん》は少しずつハタハタの数《かず》がもどりつつあるという。このため、しょっつるはイワシ、アジ、サバなどハタハタ以外《いがい》の魚《さかな》で作《つく》られることもある。

いしる

魚《さかな》やイカをつけて
焼《や》くこともあるよ

▲いしるを使《つか》った
いしる焼《や》き

くさい度メーター
まあまあ…
クサい！
ヤバい!!

原料《げんりょう》によって味《あじ》も
においもかわる

イカワタが原料《げんりょう》の魚醤《ぎょしょう》はブルーチーズのにおい!?

いしるは石川県《いしかわけん》の北端《ほくたん》で作《つく》られる伝統的《でんとうてき》な魚醤《ぎょしょう》で、いしりともよばれる。しょっつるがハタハタを原料《げんりょう》とするのに対《たい》し、いしるは各地区《かくちく》で多《おお》くとれた魚介類《ぎょかいるい》を使《つか》うのがとくちょうだ。そのなかでも、イカ、イワシ、サバが原料《げんりょう》となることが多《おお》い。

イカのいしるは、イカの内臓《ないぞう》（イカワタ）を使《つか》うのがポイントだ。近海《きんかい》でとれた新鮮《しんせん》なイカから、イカワタだけを集《あつ》めて塩《しお》づけにし、1年以上《ねんいじょう》かけて発酵《はっこう》・熟成《じゅくせい》させる。この上《うわ》ずみ液《えき》をぬのでこせば「いかいしる」の完成《かんせい》だ。

イカワタのたんぱくしつからは、うま味成分《みせいぶん》のアミノ酸《さん》のほか、アミノ酸《さん》がつながったペプチドも多《おお》く生《しょう》じる。のうこうなうま味《み》が味《あじ》わえるが、その一方《いっぽう》で特有《とくゆう》のにおいを持《も》っている。どちらかというと、日本産《にほんさん》の魚醤《ぎょしょう》よりも東南《とうなん》アジアのナンプラーやニョクマムに近《ちか》いにおいで、人によってはブルーチーズのようなくささを感《かん》じることもあるという。

ただし、加熱《かねつ》するとにおいがマイルドになってうま味《み》がきわ立《だ》つので、いため物《もの》の最後《さいご》にかくし味《あじ》として加《くわ》えるといい。このほか、水《みず》でうすめたいしるに野菜《やさい》を数日《すうじつ》つけた「べん漬《づ》け」も地元《じもと》では人気《にんき》だ。

くさいもの
コラム

漬《つ》け物《もの》を火《ひ》であぶるべん漬《づ》け焼《や》きとは？

べん漬《づ》けはダイコン、キュウリ、ナス、ワラビなどをつけこむことが多《おお》い。このなかでもダイコンのべん漬《づ》けは、炭火《すみび》であぶって食《た》べることもあるというからめずらしい。少《すこ》しこげ目《め》をつけると、いしるのかおりがのぼってくる。べん漬《づ》け焼《や》きは、いかいしるでつけて焼《や》くと、お祭《まつ》りの屋台《やたい》を思《おも》わせるような、イカ焼《や》きのにおいがするという。

秋田《あきた》で作《つく》られる伝統的《でんとうてき》なアミの塩辛《しおから》

いさじゃ漬《づ》け

小《ちい》さなエビににた
「アミ」を使《つか》うよ

▲アミが原料《げんりょう》の塩辛《しおから》だよ

くさい度メーター
まあまあ…
クサい！
ヤバい!!

エビみたいだけど別《べつ》の生《い》き物《もの》らしいよ

つりのエサでもおなじみのエビによくにたくさいやつ

海《うみ》や川《かわ》には「アミ」というエビによくにた水生生物《すいせいせいぶつ》がいる。イワシやアジなどアミを食《た》べる魚《さかな》は多《おお》く、つりのエサとしてもよくオキアミなどが使用《しよう》されている。

アミの一種《いっしゅ》にイサザアミというアミがいるが、秋田《あきた》の方言《ほうげん》で「いさじゃ」とよばれる。いさじゃ漬《づ》けは、このイサザアミを塩《しお》づけにした郷土《きょうど》料理《りょうり》だ。

アミはうま味《み》成分《せいぶん》が豊富《ほうふ》で、うま味《み》成分《せいぶん》が分解《ぶんかい》されると生《なま》ぐさいにおいが発生《はっせい》する。つりのエサで用《もち》いるアミは発酵《はっこう》していないが、それですらくさい。そんなアミをじっくりと発酵《はっこう》させたいさじゃ漬《づ》けは、くさやのつけ汁《じる》にも負《ま》けないほどの悪臭《あくしゅう》を出《だ》すという。

あまりのくささに、最近《さいきん》では工夫《くふう》してにおいをおさえたいさじゃ漬《づ》けが売《う》られていることが多《おお》いという。火《ひ》を通《とお》すとにおいがマイルドになるため、加熱調理《かねつちょうり》の味《あじ》つけに使《つか》うと、うま味《み》を感《かん》じやすいかもしれない。しかし、くさみがやみつきになる人もいて、ごはんや豆腐《とうふ》の上《うえ》にそのままかけて食《た》べることもある。

アミの塩辛《しおから》（塩《しお》づけ）は日本以外《にほんいがい》にも東《ひがし》アジアや東南《とうなん》アジアでよく作《つく》られる発酵調味料《はっこうちょうみりょう》だ。

くさいもの
コラム

韓国《かんこく》のアミの塩辛《しおから》はキムチに欠《か》かせない

韓国《かんこく》でもアミや小エビを塩《しお》づけにした「セウジョ（アミの塩辛《しおから》）」という発酵調味料《はっこうちょうみりょう》がある。セウジョはさまざまな料理《りょうり》に使《つか》われるが、なかでもキムチづくりに欠《か》かせない食材《しょくざい》として韓国人《かんこくじん》に愛《あい》されている。キムチのつけ汁《じる》は、トウガラシ、ニンニク、セウジョなどがベースだ。自家《じか》製《せい》キムチを作《つく》ることが多《おお》い韓国《かんこく》では、市場《いちば》などで大量《たいりょう》のセウジョが売《う》られている。

東南《とうなん》アジアを代表《だいひょう》する魚醤《ぎょしょう》

ニョクマム

ベトナムのしょう油《ゆ》のような調味料《ちょうみりょう》だよ

▲ベトナム料理《りょうり》のフォーにも使《つか》うよ

くさい度メーター
まあまあ…
クサい！
ヤバい!!

ベトナムの国民的《こくみんてき》な調味料《ちょうみりょう》だよ

海《うみ》の魚《さかな》よりも川《かわ》の魚《さかな》で作《つく》った方がくさくなる

ニョクマムはベトナムで作《つく》られる発酵《はっこう》調《ちょう》味《み》料《りょう》で、日本《にほん》では「ヌクマム」や「ヌックマム」ともよばれる。ベトナム語《ご》でニョクは「水《みず》」、マムは「魚《ぎょ》介《かい》類《るい》の発酵《はっこう》食品《しょくひん》（塩辛《しおから》）」を意味《いみ》し、発酵《はっこう》させた魚《ぎょ》介《かい》類《るい》からちゅうしゅつした液体《えきたい》のこと……すなわち、魚醤《ぎょしょう》である。

ベトナムはインドシナ半島《はんとう》の東沿《ひがしえん》岸《がん》から南沿岸《みなみえんがん》まで、実《じつ》に3000キロ以上《いじょう》が太平洋《たいへいよう》に面《めん》している水産大《すいさんたい》国《こく》だ。ニョクマムの原料《げんりょう》はムロアジやカタクチイワシなどの小魚《こざかな》が多《おお》く、生《なま》のまま塩《しお》づけにしてすずしい場所《ばしょ》で6～12か月《げつ》ほど発酵《はっこう》させて作《つく》られる。

多《おお》くの魚醤《ぎょしょう》と同《おな》じく、ニョクマムも魚《さかな》がくさったような特有《とくゆう》のにおいを放《はな》っている。また、海《うみ》でとれる魚《さかな》だけでなく、メコン川《がわ》でとれる川魚《かわざかな》や川《かわ》ガニを原料《げんりょう》にする地区《ちく》もあるという。海《うみ》の魚《さかな》よりも川《かわ》の生物《せいぶつ》で作《つく》ったニョクマムの方《ほう》がくさみが圧倒的《あっとうてき》に強《つよ》いそうだ。

ベトナム人にとってのニョクマムは、日本《にほん》のしょう油《ゆ》のような国民的《こくみんてき》な調味料《ちょうみりょう》だ。そのままかけたり、つけだれにしたり、いため物《もの》やにこみ料理《りょうり》に入《い》れたりと、あらゆるベトナム料理《りょうり》に使《つか》われる。

くさいものコラム

タガメじょう油《ゆ》のにおいは意外《いがい》な果物《くだもの》

ベトナム、タイ、ミャンマーなどメコン川流域《がわりゅういき》では、水中《すいちゅう》に生息《せいそく》する昆虫《こんちゅう》のタガメを原料《げんりょう》にした「タガメじょう油《ゆ》」という調味料《ちょうみりょう》がある。くさそうなイメージが強《つよ》いが、意外《いがい》なことにタガメじょう油《ゆ》は青《あお》リンゴのようなさわやかな香《かお》りがするのだ。実《じつ》はタガメのオスは、メスにアピールするためにフルーティーな香《かお》りを出《だ》すこん虫《ちゅう》で、そのかおりがしょう油《ゆ》からも感《かん》じられるのだ。

実《じつ》はベトナムのニョクマムがルーツ？

ナンプラー

タイで親《した》しまれている魚醤《ぎょしょう》なんだ

▲ガーリックシュリンプにも使《つか》われるよ

くさい度メーター
まあまあ…
クサい！
ヤバい!!

タイ料理《りょうり》の多《おお》くに使《つか》われているよ

タイを代表《だいひょう》する調味料《ちょうみりょう》だが意外《いがい》なことにれきしはあさい

ナンプラーはタイで作《つく》られる魚醤《ぎょしょう》だ。タイの一部地域《いちぶちいき》では、魚介類《ぎょかいるい》の塩辛《しおから》で魚醤《ぎょしょう》を作《つく》る地区《ちく》が昔《むかし》からあったそうだ。

しかし、ナンプラーが商品《しょうひん》として店《みせ》で売《う》られるようになったのは、20世紀《せいき》に入《はい》ってからだ。それまではベトナムのニョクマムを仕入《しい》れて使用《しよう》する地域《ちいき》が多《おお》かったという。原料《げんりょう》や作《つく》り方《かた》は、ニョクマムとほとんど同《おな》じだ。ただし、発酵期間《はっこうきかん》は12～18か月《げつ》くらいと長《なが》く、加《くわ》える塩《しお》の量《りょう》も多《おお》いため、ニョクマムよりも塩気《しおけ》が強《つよ》いのがとくちょうだ。ほかにも、ラオスのナンパー、フィリピンのパティス、マレーシアのブドゥ、カンボジアのタクトレイなど、東南《とうなん》アジアの各国《かっこく》で魚醤《ぎょしょう》が作《つく》られている。どの国《くに》でも使《つか》い方《かた》ににたけいこうがあり、しつの高《たか》い魚醤《ぎょしょう》はつけだれとして使《つか》われ、しつの低《ひく》い魚醤《ぎょしょう》は調理《ちょうり》に使《つか》われることが多《おお》いという。

また、ヨーロッパにはアンチョビソースという魚醤《ぎょしょう》ににた発酵調味料《はっこうちょうみりょう》がある。アンチョビとは、カタクチイワシの仲間《なかま》をまとめてよんだ英名《えいめい》だ。塩《しお》や香辛料《こうしんりょう》でつけて発酵《はっこう》させたうわずみえきを使用《しよう》するが、アジアの魚醤《ぎょしょう》にくらべてくさみが少《すく》ないのがとくちょうだ。

くさいものコラム

英語《えいご》のケチャップはアジアの魚醤《ぎょしょう》が由来《ゆらい》

野菜《やさい》などをゆでてうらごししたあと、調味料《ちょうみりょう》を加《くわ》えてにつめたソースのことを英語《えいご》で「ケチャップ」とよぶ。日本《にほん》ではトマトケチャップがおなじみだが、この名前《なまえ》の由来《ゆらい》はアジアの魚醤《ぎょしょう》だという。中国《ちゅうごく》には「ケツィアプ／コエチアプ」とよばれる魚醤《ぎょしょう》があり、これがイギリスへと伝《つた》わった結果《けっか》、ソースを意味《いみ》する言葉《ことば》「ケチャップ」として世界《せかい》に広《ひろ》まっていったと考《かんが》えられている。

見《み》た目《め》とにおいがトイレのあいつ

ヒング

カレーにも使《つか》われる
スパイスの一種《いっしゅ》

▶カレーの中《なか》に
入《はい》ってる!

くさい度メーター
まあまあ…
クサい!
ヤバい!!

熱《ねつ》を加《くわ》えると
いいかおりに
なるよ!

「悪魔《あくま》のクソ」とよばれるインドのカレースパイス

ヒングは北《きた》アフリカ原産《げんさん》の植物《しょくぶつ》で、「アサフェティダ」ともよばれる。アサフェティダとは、ペルシア語《ご》で「じゅし（ねばり気《け》のある液体《えきたい》）」を意味《いみ》する言葉《ことば》とラテン語《ご》の「くさい」を意味《いみ》する言葉《ことば》が合《あ》わさってできた名前《なまえ》だ。くきからとれるじゅしをかんそうさせたものが香辛料《こうしんりょう》や薬《くすり》となり、インドではいろいろな料理《りょうり》に使《つか》われる。日本《にほん》でもカレースパイスのひとつして使《つか》われることがあり、粉《ふん》末《まつ》にしたものが「ヒングパウダー」として売《う》られている。

ヒングはニンニクやドリアンと同《おな》じ揮発性硫黄化合物《きはつせいいおうかごうぶつ》がふくまれていて、くさったタマネギのようなにおいがする。しかも、かんそうさせたヒングのかたまりは、茶色《ちゃいろ》くコロコロした形《かたち》をしているため、そのにおいと見《み》た目《め》からついたあだ名《な》は「悪《あく》魔《ま》のクソ」だ。なんとも食欲《しょくよく》がなくなるネーミングである。

しかし、カレースパイスとしても使《つか》われるように、フライパンで水気《みずけ》をとばしながらヒングパウダーに熱《ねつ》を加《くわ》えていくと、ニンニクやタマネギをいためたときのおいしそうなにおいへと変《か》わる。このため、カレー以外《いがい》にもいため物《もの》やスープなどに使《つか》われることが多《おお》い。

くさいものコラム

うんちの名前《なまえ》がついたかわいそうな食《た》べ物《もの》

「悪魔《あくま》のクソ」のように、食《た》べ物《もの》や食材《しょくざい》にうんちの名前《なまえ》がつくケースはいくつかある。青《あお》トウガラシの一種《いっしゅ》「プリッキーヌー」はタイ語《ご》で「緑《みどり》のネズミのフン」という意味《いみ》だ。一《いっ》方《ぽう》、日本《にほん》では見《み》た目《め》が馬《うま》のフンににていることから「バフンウニ」という名前《なまえ》のウニがいる。ほかにも、奈《な》良公園《らこうえん》のシカが有名《ゆうめい》な奈良市《ならし》では、シカのフンににせて作《つく》った「シカのフンチョコ」が売《う》られている。

バフンウニ

日本《にほん》でもおなじみのカレースパイスの原料《げんりょう》

クミン

実《じつ》は日本《にほん》でよく使《つか》われているスパイス!

▶クミンはいため料理《りょうり》にも使《つか》われる

カレーでも使《つか》われる香《こう》辛《しん》料《りょう》は「わきがのにおい」がする!?

クミンはエジプト原産《げんさん》の植物《しょくぶつ》で、世界《せかい》では広《ひろ》く使《つか》われている香辛料《こうしんりょう》だ。「クミンシード」とよばれる種子《しゅし》に強《つよ》いかおりがあり、長《なが》さ5ミリほどの小《ちい》さな種子《しゅし》をそのまま調理《ちょうり》するほか、粉末《ふんまつ》にして利用《りよう》する。ちなみに「シード」とは種子《しゅし》を意味《いみ》する英語《えいご》だが、植物学上《しょくぶつがくじょう》は種子《しゅし》ではなく果実《かじつ》だという。

鼻《はな》にツンとくるスパイシーなかおりがとくちょうだが、苦手《にがて》な人《ひと》から「わきがのにおい」や「生《なま》がわきのぞうきんのにおい」などと言《い》われてしまうことがある。

しかし、インドをはじめとしたアジアの国《くに》でよく使《つか》われるほか、テクス・メクス（メキシコ風《ふう》アメリカ料理《りょうり》）のチリパウダーにも入っている。また、肉《にく》のくさみを消《け》すため、ソーセージ、ミートローフ、ハンバーグなどにも使《つか》われる。

日本《にほん》では、ヒングと同《おな》じくカレースパイスとして用《もち》いることが多《おお》い。ちなみに、カレールーやスパイスを作《つく》っている日本《にほん》の食品《しょくひん》メーカー、ハウス食品《しょくひん》は9月《がつ》30日《にち》を「ク（9）ミン（30）の日《ひ》」に制定《せいてい》している。ハウス食品《しょくひん》によれば、この日《ひ》は「クミンを使《つか》ったスパイスだけでカレーを作《つく》る日《ひ》」なのだという。

くさいものコラム

エジプトのミイラはクミンでほぞん!?

クミンは「世界最古《せかいさいこ》のスパイスのひとつ」と言《い》われ、なんと3500年前《ねんまえ》の古代《こだい》エジプトの医学書《いがくしょ》にもしょうかいされている。古代《こだい》エジプトでは、えらい人《ひと》が死《し》んだあとにその体《からだ》をミイラとしてほぞんする文化《ぶんか》があった。このとき、体《からだ》がくさらないようにクミンなどの香辛料《こうしんりょう》が使《つか》われていた。なお、クミンのにおいは虫《むし》も苦手《にがて》で、カやゴキブリを近《ちか》づけないこうかがある。

「スターアニス」の別名《べつめい》を持《も》つ東洋《とうよう》の香辛料《こうしんりょう》

八《はっ》角《かく》

中国《ちゅうごく》や台湾《たいわん》の料理《りょうり》によく使《つか》われるよ！

▶豚《ぶた》の角煮《かくに》などに使《つか》うよ！

台湾《たいわん》の肉料理《にくりょうり》に必《かなら》ず入《はい》る 漢方薬《かんぼうやく》のような薬品《やくひん》くささ

八角《はっかく》は、中国南部《ちゅうごくなんぶ》やベトナム原産《げんさん》のトウシキミという植物《しょくぶつ》の果実《かじつ》から作《つく》られる香辛料《こうしんりょう》だ。

八角《はっかく》には「アネトール」という成分《せいぶん》がふくまれ、すずしげでさわやかな香《かお》りがある。肉《にく》のくさみを消《け》し、風味《ふうみ》をあたえてくれるため、「北京《ペキン》ダック」や「豚《ぶた》の角煮《かくに》」といった中国《ちゅうごく》の料理《りょうり》に使用《しよう》される。さらに中国《ちゅうごく》以上《いじょう》に八角《はっかく》を使《つか》うのが台湾《たいわん》で、台湾《たいわん》の肉料理《にくりょうり》にはかならずと言《い》っていいほど使《つか》われている。ほかにも、料理《りょうり》にあまい風味《ふうみ》がつけられることから、杏仁豆腐《あんにんどうふ》などのデザートにも用《もち》いられる。

ただし、日本《にほん》ではあまり使《つか》われない香辛料《こうしんりょう》のため、日本人《にほんじん》にとっては「漢方薬《かんぼうやく》のような薬品《やくひん》くささ」を感《かん》じて苦手《にがて》だという人《ひと》も多《おお》いようだ。日本《にほん》の台湾料理屋《たいわんりょうりや》では、日本人《にほんじん》向《む》けに八角《はっかく》をひかえめにしている店《みせ》も少《すく》なくないため、台湾旅行《たいわんりょこう》で本場《ほんば》の味《あじ》を知《し》るとおどろくことがある。

ちなみに、ヨーロッパの「アニス」というハーブにも、八角《はっかく》と同《おな》じかおり成分《せいぶん》のアネトールがふくまれている。このため「チャイニーズアニス」とよばれたり、八角《はっかく》が星《ほし》のような形《かたち》をしていることから「スターアニス」ともよばれている。

くさいものコラム

八角《はっかく》よりもまろやかなシナモンの香《かお》り

しばしば八角《はっかく》は「シナモンのにおいににている」と言《い》われることがある。シナモンもあまくスパイシーな風味《ふうみ》を持《も》っていて、その成分《せいぶん》はシンナムアルデヒドやオイゲノールなどで、八角《はっかく》のアネトールよりもおだやかな香《かお》りがとくちょうだ。なお、八角《はっかく》はトウシキミの果実《かじつ》をかんそうさせたものだが、シナモンはクスノキ科《か》のみきやえだの皮《かわ》をはいで、かんそうさせたものが原料《げんりょう》となる。

かんきつ系《けい》の香《かお》りですっきりさわやか

コリアンダー

葉《は》も種《たね》も料理《りょうり》に使《つか》われているよ

▶コリアンダー入《い》りの料理《りょうり》、ラタトゥイユ

くさい度メーター
まあまあ…
クサい！
ヤバい!!

葉《は》はパクチーと
よばれる野菜《やさい》だよ

種子《しゅし》はさわやかな香辛料《こうしんりょう》 葉《は》はとてもクセが強《つよ》い香草《こうそう》

コリアンダーは地中海沿岸《ちちゅうかいえんがん》が原産《げんさん》の植物《しょくぶつ》で、種子《しゅし》の部分《ぶぶん》が香辛料《こうしんりょう》となる。レモンやオレンジのような、あまくさわやかな香《かお》りを持《も》つのがとくちょうだ。

フランスのにこみ料理《りょうり》ラタトゥイユ、スペインやラテンアメリカで定《てい》番《ばん》のサルサソース、ヨーロッパの漬《つ》け物《もの》であるピクルスのほか、インドではカレースパイスの主原料《しゅげんりょう》にもなるなど、はば広《ひろ》い料理《りょうり》に使《つか》われる。また、料理《りょうり》だけでなくアップルパイやシフォンケーキなどのおかしや、ウォッカやジンにつけこんで果実酒《かじつしゅ》にすることもある。

かんそうさせた種子《しゅし》をすりつぶして使《つか》うこともあれば（パウダー）、つぶの形《かたち》を残《のこ》して調理《ちょうり》することもある（シード）。シードの場合《ばあい》、つぶがはじけたときにさわやかな香《かお》りが楽《たの》しめる。

一方《いっぽう》、コリアンダーは葉《は》の部分《ぶぶん》も食用《しょくよう》となる。種子《しゅし》とは風味《ふうみ》がだいぶ変《か》わり、クセの強《つよ》いにおいとセロリのような味《あじ》わいがとくちょうだ。主《おも》にアジアの国々《くにぐに》で調理《ちょうり》されることが多《おお》く、特《とく》にタイではさまざまな料理《りょうり》に使《つか》われる定番《ていばん》の具材《ぐざい》だ。日本《にほん》でもタイ語由来《ごゆらい》の「パクチー」という名《な》前《まえ》で知《し》られている。

くさいもの
コラム

カメムシによくにた青《あお》くさいにおい

葉野菜《はやさい》のパクチーは、日本《にほん》で「カメムシソウ」という別名《べつめい》でよばれることがある。カメムシは、てきからにげるときにくさい液体《えきたい》を放出《ほうしゅつ》するこん虫《ちゅう》だ。日本《にほん》では、しばしばパクチーの青《あお》くさい香《かお》りは「カメムシのようなにおい」とたとえられることがあり、苦手《にがて》とする人《ひと》も多《おお》い。その一方《いっぽう》で、近年《きんねん》は日本《にほん》でパクチーブームが起《お》きていて、パクチー料理《りょうり》のせん門店《もんてん》もあるほどだ。

きらわれがちな日本《にほん》のハーブ

ドクダミ

薬《くすり》やお茶《ちゃ》などで親《した》しまれているよ

▶どくとくの味《あじ》わいのドクダミ茶《ちゃ》

くさい度メーター
まあまあ…
クサい！
ヤバい!!

道《みち》ばたでもよく見《み》かけるよ

薬草《やくそう》として利用《りよう》されるが魚《さかな》がくさったようなにおい

ドクダミは日本《にほん》や中国《ちゅうごく》などの東《ひがし》アジア原産《げんさん》の植物《しょくぶつ》だ。名前《なまえ》に「どく」とついているが、どく草《そう》ではない。名前《なまえ》の由来《ゆらい》は「どくを矯《た》める」という説《せつ》があり、「矯《た》める」とは「悪《わる》いものをなおす」という意味《いみ》だ。つまり、どく草《そう》どころか、どくをおさえてくれる薬草《やくそう》なのだ。

日本《にほん》でも古《ふる》くから民間薬《みんかんやく》として利用《りよう》されてきた。かんそうさせた葉《は》を飲《の》み薬《くすり》として服用《ふくよう》すれば、血《けつ》あつを安定《あんてい》させたり、いやちょうを整《ととの》えたりする働《はたら》きが期待《きたい》できるという。また、葉《は》にふくまれるデカノイルアセトアルデヒドという成分《せいぶん》は、強《つよ》いさっきん作用《さよう》があり、きず口《ぐち》にぬればえんしょうをふせいでくれる。

ただし、デカノイルアセトアルデヒドは、ドクダミ特有《とくゆう》のくさいにおいの原因《げんいん》でもある。しばしば「魚《さかな》がくさったようなにおい」とたとえられることがあり、中国《ちゅうごく》では「魚腥《ぎょせい》草《そう》（生《なま》ぐさい魚《さかな》の草《くさ》）」、英語《えいご》では「フィッシュハーブ（魚《さかな》の薬草《やくそう》）」などとよばれている。

ドクダミのくさみは、熱《ねつ》をくわえたりかんそうさせたりすることで弱《よわ》めることができる。このため、ドクダミ茶《ちゃ》として飲《の》むほか、葉《は》を天《てん》ぷらにして食《た》べるなどの方法《ほうほう》がある。

くさいものコラム

庭《にわ》に生《は》えてしまうとめいわくなそんざい

ドクダミは日当《ひあ》たりの悪《わる》い場所《ばしょ》でも元気《げんき》に育《そだ》つ、とても生命力《せいめいりょく》の強《つよ》い植物《しょくぶつ》だ。一度《いちど》でも庭《にわ》に生《は》えると、どれだけ草《くさ》むしりしても、地下茎《ちかけい》とよばれるくきを土《つち》の中《なか》でのばし、ふたたび地中《ちちゅう》から生《は》えてきてしまう。また、においも強《つよ》いため、庭《にわ》ではんしょくすれば生《なま》ぐささがただよい、衣服《いふく》ににおいがつくとなかなか落《お》ちない。このため「めいわくなざっ草《そう》」としても有名《ゆうめい》なのだ。

「くさい」が「美味《うま》い」に変《か》わる？

ひとことで「くさい食《た》べ物《もの》」と言《い》っても、いろいろなくささがある。発酵食品《はっこうしょくひん》のように、作《つく》るとちゅうで微生物《びせいぶつ》や酵素《こうそ》が発酵《はっこう》・熟成《じゅくせい》し、時間《じかん》がたてばたつほどにおいが強《つよ》まっていくもの。野菜《やさい》のように、その食材《しょくざい》にふくまれる成分《せいぶん》そのものがくさいもの。さらには動物《どうぶつ》の肉《にく》のように、動物自身《どうぶつじしん》の食生活《しょくせいかつ》や、さばく人《ひと》が上手《じょうず》かどうかで変《か》わるもの……など、実《じつ》にさまざまだ。

この本《ほん》でしょうかいした食《た》べ物《もの》のなかで、もしかしたら「え？　これは全然《ぜんぜん》くさいと思《おも》わないよ」と感《かん》じた食《た》べ物《もの》もあるのではないだろうか。

人《ひと》によってにおいの感《かん》じ方《かた》はちがう。また、昔《むかし》からなれ親《した》しんでいる食《た》べ物《もの》は、においが気《き》にならないケースも多《おお》いのだ。

日本人《にほんじん》にとって、納豆《なっとう》や漬《つ》け物《もの》はいい例《れい》だろう。小《ちい》さいころからかいでいる人《ひと》が多《おお》いせいか、これらの食《た》べ物《もの》のにおいをくさいと感《かん》じない人《ひと》も多《おお》い。

それどころか「いいにおい」と感《かん》じる人《ひと》もいる。くさいと言《い》われる納豆《なっとう》やつけ物《もの》だが、好《す》きな人《ひと》にとっては「食《しょく》よくをそそる、美味《おい》しそうなにおい」となるのだ。

一方《いっぽう》、かぎなれていない外国人《がいこくじん》にとって、納豆《なっとう》は「食《た》べ物《もの》とは思《おも》えないほどイヤなにおい」と感《かん》じることが多《おお》い。

わたしたち日本人《にほんじん》からすると、「納豆《なっとう》に比《くら》べたら、君《きみ》たちが食《た》べている◯◯の方《ほう》がよっぽどくさいよ」と言《い》いたくなってしまう。これが「なれ親《した》しんだにおい」に起《お》きる不思議《ふしぎ》なのだ。

「くさい」は漢字《かんじ》で「臭《くさ》い」と書《か》く。実《じつ》は、この「臭《くさ》い」には別《べつ》の読《よ》み方《かた》があり「におい」とも読《よ》むのだ。「いいにおい」や「悪《わる》いにおい」などとひょうげんするように、「におい」はいい場合《ばあい》にも悪《わる》い場合《ばあい》にも使《つか》われる言葉《ことば》だ。

この本《ほん》でしょうかいした食《た》べ物《もの》のなかで、まだ食《た》べたことがない食《た》べ物《もの》も多《おお》くあるだろう。しかし、「くさい」と言《い》われる食《た》べ物《もの》でも、美味《おい》しい食《た》べ物《もの》はたくさんある。食《た》べるチャンスがあれば、ぜひちょう戦《せん》してみてほしい。

もしも「美味《おい》しい」と感《かん》じたら、はじめのうちは気《き》になっていた「くさい」が少《すこ》しずつ気《き》にならなくなっていき、やがては「いいにおい」や「美味《おい》しそうなにおい」に変《か》わるかもしれない。

「くさい」は「美味《うま》い」に変《か》わるかのうせいをひめているのだ。

監修

前橋健二（まえはし けんじ）

東京農業大学応用生物科学部醸造科学科教授。日本の調味料研究の第一人者。発酵における微生物と成分変化、発酵調味料、味の解析や味覚のしくみなど、「発酵」と「味」について、多方面から科学的アプローチを続けている。

画／岡本倫幸

猫のイラスト／杉本龍一郎

編集・デザイン・DTP／開発社

執筆／松本晋平　**写真**／PIXTA

参考文献

『くさい食べもの大全』（東京堂出版）
『くさいはうまい』（KADOKAWA）
『世界珍食紀行』（文藝春秋）
『漬け物大全 美味・珍味・怪味を食べ歩く』（平凡社）
『ナチュラルチーズ事典』（日東書院本社）
『農家が教える発酵食の知恵』（農山漁村文化協会）
『発酵 ミクロの巨人たちの神秘』（中央公論新社）
『辺境メシ ヤバそうだから食べてみた』（文藝春秋）

ハンディ版
くさい食べ物大図鑑
2024年9月　初版発行

監修／前橋健二
画／岡本倫幸・杉本龍一郎
編／開発社

発行所　株式会社 金の星社
〒111-0056 東京都台東区小島1-4-3
電話／03-3861-1861（代表）
FAX／03-3861-1507
振替／00100-0-64678
ホームページ／https://www.kinnohoshi.co.jp

印刷・製本　中央精版印刷 株式会社

144ページ　19cm　NDC596　ISBN978-4-323-07567-9